"情韵大连"文旅丛书

山海大连

王国栋 著

SHANHAI DALIAN

大连出版社
DALIAN PUBLISHING HOUSE

Qingyun Dalian
Shanhai Dalian

目录

楔 子

中国的海滨城市很多，从北到南有百余个吧。

其实在很多海滨城市，在城区里是很难真正看到海和亲近海的。例如，在上海，你看到的可能是黄浦江；在天津，你看到的可能是海河；在广州，你看到的可能是珠江……

这些城市的海在哪里？

一些海滨城市虽然有海，但它们本就很窄巴的海岸线早已经被

港口、工厂和公共建筑挤满了。即使走到海边，你能看到海的视野也很小，很难达到180°甚至是90°。

总之，它们说起来的确是海滨城市，却少有能让市民亲海的地方。这不能不说是一种遗憾吧。

大连的得天独厚之处在于她三面临海，而且一城揽双海，犹如一位英雄幸遇双美，这太幸福了吧。当然，渤海是小家碧玉模样，黄海是大家闺秀风范，或者说，渤海内，黄海外。

这种英雄双美的待遇在中国是唯一的，在世界是罕见的。

1

从大连的每一条街道或者说从每一个点出发，你一直往前走、往前走、往前走……几乎都能够走到海边看到真正的海，区别仅仅在于，看到的可能是渤海，也可能是黄海。

如果你登上的是旅顺的老铁山或者金州的大黑山，便可一山观两海，这在中国是极难得到的奇遇。

驻足山巅，黄、渤两海浩渺烟波尽收眼底。尤其是在旅顺老铁山，不仅能看到罕见的黄渤海分界线，而且还能看到接近270°视野的海。

海风吹拂，海浪翻滚。在这里看海，有一种壮美、壮阔的感觉，有一种荡涤心胸、洗涤灵魂的感觉。

> 秋风萧瑟，洪波涌起。
> 日月之行，若出其中；
> 星汉灿烂，若出其里。

所谓壮美，常与优美相对。一种事物使人有崇高、严肃、雄壮之感，才可谓之壮美。在壮美的景观面前，人们会感到欣喜、兴奋、陶醉，也会深感自身的渺小与脆弱，并且会平息自己的浮躁和欲望。

南方的一些海滨城市也是看海的良选，如厦门、珠海、北海、三亚……那里的沙滩、椰林、海风是非常迷人的，但都有一种阴柔的、妩媚的秀气在里面，那是更具女性化的秀气，缺乏男子汉的阳刚之美。

燕窝岭、黑石礁、老龙头；

金石滩、城山头、海之韵；

蚂蚁岛、鹿鸣岛、童牛岭；

鲇鱼湾、羊头湾、仙浴湾；

青堆子、花园口、海王九岛……

　　它们都是大连海岸线上的一些地名，也是黄、渤两海沿岸的景区，名字本身就充满了美妙神奇的色彩，给人多少兼具刚柔之美的想象啊！

　　海对大连这座城市的影响极为深远。有人说，大连这座近代城市的兴起是源于两次战争，即中日甲午战争和日俄甲辰战争。其实往更深层次说，大连这座城市的兴起是源于黄、渤两海交汇而形成的地理节点。

因此，我们常说大连是"向海而生，因港兴市"。

说到海滨城市，大连还有一个特点，就是山海相连、山海相拥，或者说是山环海抱、依山傍海。

山与海，本就是一静一动，一阳一阴。山之刚，海之柔，使得大连这座海滨城市更具独特的风韵和魅力！

千山山脉走到这里，为大连留下了很多独特的大山资源，这又是其他一些海滨城市所不具备的。一些海滨城市位于冲积平原上，视野上和大连就不能比。站在平地上看海和站在山上看海，感觉是不一样的。同时，有了山的挺拔和险峻，更显出海的平静和深邃。

大连整座城市都被海水浸润着，海岸线绵延约2211公里，约占辽宁海岸线全长的十分之七；其大陆海岸线约占整个中国大陆海岸线全长的十分之一，是中国拥有最长大陆海岸线的城市；海域面积约为29476平方公里，是陆域面积的两倍多。亿万年来，海洋与陆地在这里相互拥挤、相互碰撞，上演了一部部或平淡或惊险的地理大片。

什么季节来大连看山海最好？

首选秋天。

大连的气候特点是温和宜人、四季分明、暖湿同季、雨量集中、日照丰富、季风盛行。春夏之时，海上水汽飘起，山上岚气升腾，常常给人雾蒙蒙的感觉。夏天雨水多，还可能有南方来的台风擦边路过。所以，秋天是最好的季节。

秋天是真正的大片，并且是高像素、高清版。

秋天开始刮北风之后，天空就是蓝色的了，蔚蓝、透蓝，一碧如洗，湿润洁净，是真正不染纤尘和浊气的蓝，而且有瓦块云、鱼鳞云，还有长长的拉线云。大地上是辽南处处皆有的五花山和红叶，以及路边小小的金黄色山菊花。乡村田野里到处是熟透的果子，屋顶上有金灿灿的玉米仓，门前大红枣落了一地，房后山楂树上挂满了小灯笼似的果子，橘黄色的柿子树到处招摇……

我一直认为，蓝色是大连的主色调。从过去的万达足球队、实德足球队、一方足球队到今天的大连人足球队，队员们上场穿的球衣色调都有蓝色。

因为那是大海的颜色。

秋天这个季节，海水也特别清、特别蓝，是深蓝。水有些凉，但不妨碍喜欢冬泳的人们下海。北边过来的汉子说，大连这水温，这根本就不算冬泳。

2

如果我们能从无人机的角度来俯瞰大连海岸线，会发现这条海岸线更像一幅浓墨重彩的印象派油画，除了深蓝、蔚蓝，还有赭红、墨绿和暗灰的色块在随意挥洒着。

深蓝、蔚蓝是柔性的海，赭红是裸露的棕壤冲积小平原和耕地，墨绿是阔叶林与针叶林混合的林带，暗灰是大地上附着的各种建筑物。这些绚烂的色彩，赋予了整个画面勃勃的生机。

这幅印象派油画，有时看它像荷兰新造型主义绘画创始人蒙德里安的彩色几何形体线形组合的某些笔法，有时看它又像美国抽象表现主义画家波洛克点线不规则结合的某些笔法。

可以看得出来，大自然疾飞的笔法，在黄海岸边是硬朗和流畅的，到了渤海岸边突然又温柔细腻起来。

这幅印象派油画最初是从哪里落笔的呢？

是从旅顺老铁山灯塔的那个海岬角开始的。

如果从这个海岬角出发一路向北，我们兵分两路，分别沿着半岛东西两侧的海岸线走，会看到什么山海景观呢？

先说渤海岸线一边：

羊头湾、双岛湾、大潮口湾、营城子湾、金州湾、后海湾、北海湾、普兰店湾、葫芦山湾、复州湾、太平湾……

再说黄海岸线一边：

塔河湾、小平岛湾、凌水湾、黑石礁湾、老虎滩湾、大连湾、大窑湾、小窑湾、黄嘴子湾、常江湾、盐大澳、青堆子湾……

其中，大连湾中还包括甜水套子、臭水套子、红土崖子、大孤山湾等几个小湾，可谓湾中有湾。更小的海湾，在当地百姓中的叫法就是"套子""嘴子""崴子"，或者"河口"，等等。

从旅顺老铁山再一次出发，由南往北走，在陆地上我们会看到什么？

有千山余脉的诸峰：

鸡冠山、凤凰山、白玉山、黄金山、簸箕山、刀刃山、龙头山、大砬子山、大黑山、大孤山、南山、炮台山、七顶山、笔架山、三棱山、骆驼山、庙山、窟窿山、扁担山、野鸡山、红泥山、四台山、岚崮山、二龙山、磊子山、马鞍山、七星台山、歪顶山、双塔山、巍霸山、高丽城山、饮马湾山、玉皇顶、歪脖山、鞍子山、青石岭、大顶山、老帽山、蓉花山、步云山、大王山、老金山、帽盔山、老黑山……

还有发源于千山余脉的诸多河流：

龙河、凤河、马栏河、东大河、北大河、大魏家河、登沙河、青云河、三十里河、复州河、清水河、浮渡河、岚崮河、苇套河、永宁河、九道河、红岩河、碧流河、英那河、庄河……

在古代，大连地区的每座山峰都可能是一道屏障、一个关隘，甚至可能有一座烽火台，或者有一座城堡。

每一处海湾都可能是一个码头。只不过这些海湾和码头，有的是昔日兴隆、现在沉寂，有的是往昔冷落、今又兴旺。

而每一条河都穿连着一串村屯和聚落，都穿连着人间烟火和传说。

3

说到了山、海、河，我们就应该有一个大视角。

如果从浩瀚的太空来俯瞰地球，中国版图宛如雄鸡傲立，而鸡喙处是辽东半岛。

再进一步聚焦，俯瞰辽东半岛明珠大连，我们会发现，这座向海而生的城市，其地理板块的形状是北高南低、北宽南窄，犹如从东北腹地的长白山脉向南延伸过来的一柄铁犁铧，将黄、渤两海一下子犁开了。

黄、渤两海左右相拥，千山余脉上下纵横。

板块的中央轴线即绵延的山脉骨架，是从北北东向南南西延伸入海，面向黄海的一侧长而缓，面向渤海的一侧曲而柔。

长白山系的千山余脉一路高歌，在这里挺进了渤海海峡。如果再看从普兰店湾开始向南的这一段小地理板块，其形如三国时期猛将张飞的兵器丈八蛇矛，其势直刺对面的莱州湾和胶东半岛。

千山余脉在辽南就是一条大龙脉。

我们所生活的这片大地是有生命的，龙脉，则是形象之喻、疆域之本。

通俗地讲，龙脉就是地理脉络。土壤是龙脉的肌肉，岩石是龙脉的骨骼，草木是龙脉的毛发，河流是龙脉的血液。古代堪舆家曾用觅龙、察砂、观水、点穴、立向的"地理五诀"来寻找龙脉，以此来宣称某片山水为"神授天佑"。

稍有地理常识的读者会知道，数十亿年前，我们辽东半岛，包括大连地区，还沉睡在一个被海水覆盖的"上下未形"的混沌世界里。

那时，这里是一片汪洋大海。

在16亿至10亿年前的中元古代，辽东半岛才从海洋里慢慢隆起为陆地，但是别急，因为到10亿至5.41亿年前的新元古代和5.41亿至2.52亿年前的古生代，地壳又开始下降，辽东半岛又变成一片汪洋大海并且形成沉积，形成了在变质基底上的沉积盖层。

大自然沉积的力量我们常人可能觉察不到，它虽然不动声色，但是太厉害了。

所谓沉积，就是海洋里不同时期的冲积颗粒如一摞摞白纸状一层一层慢慢沉淀堆积形成地质层面和岩石。经地壳运动出现在陆地上后，我们在这些岩石上便会看到明显的纹层，例如金石滩的金石园里那些奇形怪状的石头。

10亿年前的中元古代形成的是沉积地层，之后海洋里又形成了沉积盖层。8亿到6亿年前，沉积形成了萨布哈相含盐地层，金石滩著名的龟裂石景观就是那时形成的。现在大连海岸线上形形色色的地质景观，主要就是形成于距今8亿到6亿年的震旦纪沉积盖层中。

如果把这个过程比喻为盖一座大楼，这里说的沉积地层就是基础，沉积盖层就是基础之上的"建筑"，萨布哈相含盐地层是基础之上颜色比较特殊的"建筑"。

2.52亿到2.01亿年前的中生代三叠纪，发生了一次叫印支运动的地质变迁，使辽东半岛的沉积盖层又发生了褶皱。

一大块沉积岩层的两边都突然遭遇外力挤压，形成弯曲或扭曲的形状，这就是褶皱。世界上许多山脉的隆起都与褶皱运动有关，都是在褶皱运动中完成的。

例如珠穆朗玛峰，例如我们身边的大黑山。

1.4亿年前，中生代侏罗纪末白垩纪初的燕山运动再一次使得辽东山地出现褶皱和断裂，整个辽南地区板块上升，形成了与山东半岛相连的胶辽古陆。

一个是中生代三叠纪发生的地壳运动，即印支运动，一个是中生代侏罗纪末白垩纪初发生的以断裂构造为主并伴随花岗岩侵入和火山喷发活动的燕山运动，使整个辽南地区板块再次上升，脱离海洋环境，在被印支运动抬升的地块上，形成了小型断陷盆地和串珠状的渤海湖，至此辽东半岛轮廓基本形成。

所以我们说，大连地区的地壳在生长发育过程中非常不安分，地质史上的大构造运动它几乎都经历过了，就像历经九九八十一难，一劫未落，包括古元古代的辽河运动、中生代三叠纪的海西运动、晚三叠纪的印支运动、侏罗纪末白垩纪初的燕

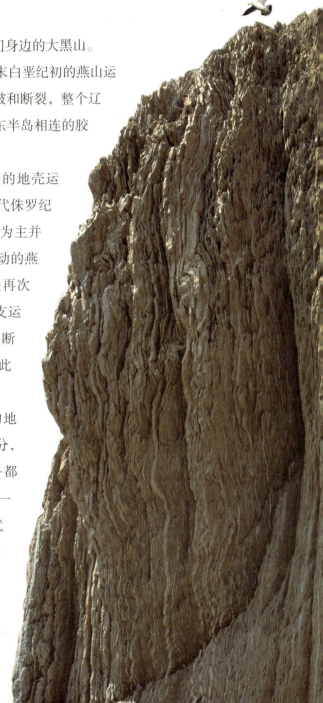

山运动，新生代的喜马拉雅运动，等等。

　　"运动"这个词不简单，每一次的构造运动都伴随着地壳隆起与沉降、海侵与海退、火山与地震、褶皱与断裂、推覆与剪切，甚至是颠覆性的倒转……

　　这些地质运动的痕迹就刻在我们这座城市两侧海湾那形形色色的基岩海岸上。

　　它们其实就是地球地质变化的记录，或者也可以叫天书。

　　我们应该去看看大黑山北坡水源地附近那一处叫太古苑的糜棱岩，它是像粥一样的岩石，又叫云母鱼，距今已经28亿年。

　　再去看看海之韵公园、棒棰岛等滨海路一线的窗棂构造，那地质构造仿佛欧洲哥特式建筑的平行棂柱。

　　还有黄嘴子湾、金石滩的龟裂石和"恐龙探海"那些奇特的沉积岩和巨大的海蚀穹。

还有金州湾龙王庙海蚀崖的平卧褶皱和萨布哈景观，普兰店湾三棱山里坨子的岩溶漏斗，瓦房店驼山乡排石如刀背一样的海蚀地貌……

它们就像一个个从盘古开天地时一直活到现在的白胡子老头，且久经风霜，它们指点着刻录在那些古老的砾岩、砂岩、页岩和石灰岩上的沧桑痕迹，讲述着这片大陆如何古老，地层如何多姿多彩，构造如何复杂多样。

是的，我们应该静下心来，听一听它们的诉说。

4

《庄子·逍遥游》说："北冥有鱼，其名为鲲。鲲之大，不知其几千里也……"

北冥（一作溟）说的是胶辽古陆上的一个大湖。

至少在2亿至1.4亿年以前，那时地球上还没有渤海。

1.4亿年前，地球突然发生了一次大裂变，即史上著名的燕山运动。剧烈的地壳运动使胶辽古陆发生了大断裂，这一纵横交叉的断裂使中间的地壳下陷，形成一个断陷盆地，即后来的海盆，这就是后来的渤海湖，即北冥。

在漫长的岁月里，由于地球气候变暖，冰雪融化，海面升高，东海之水漫过来，这个大湖才慢慢变成了海洋，即今天的渤海。胶辽古陆的陆桥最终也沉入了海中，于是就有了渤海湾，有了辽东半岛与胶东半岛的隔海相望……

大约2.2万年前，历经数次的海进海退，辽东半岛终于完成了从大海深处的攀升，大连两海夹一陆的地貌格局就此形成。

地图上的胶东半岛和辽东半岛一南一北，位于渤海湾两端，就像两个伸入海中戏水的龙头，却互不相接。

也有人说那是巨人伸出的两条胳膊，几乎就将渤海围成了一个大湖，只是上苍给这个大湖多撒了一点儿盐，这才成了一个内海。

其实在很久很久以前，两个半岛是连在一起的。不仅它们连在一起，而且辽东半岛和朝鲜半岛，包括日本列岛在内，都曾经是连在一起的一块古陆，即胶辽古陆。

到了新生代，那时千山山脉雄起而向南搜入，因此我们大连地区有了步云山、老帽山、老黑山等山体高大、山势陡峭的北部山脉，这里山峰连绵，河流湍急，谷地狭窄；也有了大东山、龙潭山、大黑山、老铁山等山体和缓、顶部平坦的南部低山地貌，这里丘陵低缓，溪流短小，谷地开阔。

看地图，我们会以为千山余脉的骨架是南延到旅顺老铁山为止，就像葡萄牙诗人卡蒙斯的名句："大地到此结束，海洋从此开始。"

实际上，大连板块两侧的岛屿和渤海海峡的庙岛群岛岛链属于千山余脉，只不过冰川期过后海水上涨，部分山体淹没在海峡里，仅留下了尖顶。

这一奇异的岛链后来又被命名为长山群岛，包括长海县的大长山岛和渤海的长兴岛，其中"长"字即意为它们是长白山余脉形成的岛屿。

这是一个粗线条的也是一个近乎光速的穿越式叙述，亿万年的时间常常倏忽一笔就过去了，就像看电影《星际穿越》一样。

5

正是遵循着这样的山海变换规律，亿万年来，经历了不知多少次的冰川沉积、雷电轰鸣、涛声澎湃、山崩地裂，古陆几度沉浮，才有了今天的辽东半岛，才有了大连区域的山海景观。

地质运动看似随意而为，实则是上苍格外恩赐。因此，大连海岸线在轰轰烈烈的变迁中一路走来，形成了中国的也是世界的独一无二的自然景观。

中国东晋时有一著名道教学者叫葛洪，他在其《神仙传》中讲述过一个神奇的故事：

曾有一个看起来还不到20岁的美丽姑娘叫麻姑，她自称已经目睹过三次大海变成陆地，因此人们把她视为寿星。

天上王母娘娘的生日宴会邀请诸位女神参加，麻姑带来灵芝酒献给王母娘娘，这就是民间"麻姑献寿"的传说。

现在看来，"麻姑献寿"的传说应该是发生在辽南。

近代吉林诗人宋小濂1922年游历星海湾时曾赋诗一首：

太古何年陨大星，至今历历在沧溟。

酒酣自棹扁舟访，补入东荒山海经。

在大自然鬼斧神工中形成的是一片丰饶而壮美的半岛大陆。

在这片物华天宝的土地上，我想格外提醒一下，在新生代第四纪间冰期时，这里还是一个远古动物的乐园。

那时，在大连地区遍布大片棕壤和草甸土的土地上，高大的裸子植物郁郁葱葱。而披毛犀、猛犸象和大连马就奔驰在稀树草原上，还有巨副驼、肿骨鹿和剑齿虎在森林中觅食。不仅如此，生活在南方的硕猕猴、巨颏虎、梅氏犀、大河狸甚至纳玛象等动物，都经过山东半岛陆桥进入辽东半岛；而北方寒冷地带的猞猁、水獭、鬣狗、洞熊等动物，在辽东半岛休整后，浩浩荡荡地编队越过陆桥，到达山东半岛。

当然，很多远古动物相互之间是没有可能照过面的，因为它们属于不同的地质时期，中间可能相隔了好多万年时光。

也就是说，虽然是在同一个舞台上演出，上场的时间不一样，环境背景也不一样。

于是现在在黄、渤海两岸的石灰岩溶洞内、裂隙中，我们时常会发现这些喜欢冒险的史前动物已石化了的遗骨。

四次大冰川运动之后，这里生机勃勃，万物生长。

远古的人类从华北迁徙而来，落脚辽南，因此，这里也是我国东北地区古人类第一缕炊烟升起的地方。

　　2013年冬，中国科学院古生物学家金昌柱教授等人在普兰店湾骆驼山一石灰岩溶洞里发现了200万至50万年前的古动物化石堆积和人类使用的"火塘"的遗址，还包括一批以燧石、砂岩等不同石料为原料的疑似人工石制品和大量有明显砍砸痕迹的动物骨骼等古人类活动遗迹。此后又经过5年的考察发掘，中科院这一支团队宣布：在骆驼山这里发现了远古时期就有的一支浩浩荡荡的野生动物群，与之相伴的还有古人类。

　　大连地区的古人类遗迹，早在20年前，大连自然博物馆的专家们就在瓦房店古龙山溶洞里发现了。研究人员发现了1.7万年前的古人类猎取的大连马化石和一些石器，人们俗称这些先人为"猎马人"。

　　后来还有7000多年前的长海县小珠山文化遗址，5000多年前的旅顺口郭家村文化遗址和4000多年前的大连湾大嘴子文化遗址，黄、渤两海的岸边，到处都有我们先人的踪迹和影子。

　　如果从汉朝建立辽东郡沓氏县算起，大连拥有约2200年的地区建制史；如果从清朝兴建北洋海军重镇旅顺算起，大连拥有约140年的近现代城市史。

　　有山有海有神话，从遥远的青丘石棚到山城、古城、古港、烽火台、炮台……

　　这里山海形胜，人杰地灵；这里面朝大海，春暖花开。

　　大连人和大连城市的性格，皆由这里的山海塑造。

旅顺口

蠹立金山海气横，唐家曾此驻雄兵。

铭功千载鸿胪井，酣战三年牧底城。

地接辽金留胜迹，波连齐鲁渡王京。

而今日暮散风雨，犹似当年击柝声。

矗立金山海气横，唐家曾此驻雄兵。
铭功千载鸿胪井，酣战三年牧底城。
地接辽金留胜迹，波连齐鲁渡王京。
而今日暮散风雨，犹似当年击柝声。
——同治年间进士乔有年

旅顺在我的心目中一直有着沉甸甸的分量。我工作、生活所在的金普新区与旅顺口区正在大连的一北一南，一极现代，一极历史，这也是这座城市的两副面孔。

但是要讲大连的山海，还是应该从最南端的旅顺开始。

大连是中国著名的海滨旅游城市，但是有些很重要的景观却一直有些落魄和寂寞，例如旅顺的炮台和要塞等战争遗迹。

旅顺战争遗迹多，炮台多，老建筑多，自然景观更多，山海奇绝，历史厚重。我每一次去旅顺采风，隐隐间总有一种去朝拜的感觉。

过去说到旅顺的地理形势与厚重历史，人们常常会说有两句话应该记住："一山担两海，一港写春秋。""一个旅顺口，半部近代史。"尤其是第二句，近代史的概念何其大也，旅顺竟然可以担当半部近代史？

这是因为中国近代史上很多重要事件都与旅顺，与辽南有关，尤其是震惊世界的那两场战争——中日甲午战争和日俄甲辰战争，先后都发生在这里。

这两场战争是改变中、日、俄三国命运的战争，是改变世界大格局的战争，也是改变旅顺历史地位和命运的战争。

战争对于旅顺，是幸运还是不幸？这是一枚硬币的哪一面呢？

到厦门，不能不去鼓浪屿；到青岛，不能不去崂山；到三亚，不能不去天涯海角；到大连，你不能不去旅顺。

先有旅顺，后有大连。1950年之后，这里曾与大连合称旅大市，"旅"在前，"大"在后。直到1981年，旅大市才改为大连市，旅顺隶属于大连，并且成为其中一个区。这和我所在的金州有相似之处。千年金州，百年大连，金州是一座古城时，大连还是一个小渔村。

百年灯塔——照亮黄渤海分界线

1

老铁山是辽南的一尊门神。

因为老铁山就在辽东半岛最南端的旅顺。

旅顺整个地形东高西低，在西南近海处却突然抬升，形成了旅顺的最高峰——老铁山。

从空中俯瞰，老铁山形状很像一个抓地的大三角钉，其西角之峰伸入海中即为黄渤海分界线的起点。主峰大崖顶海拔465.6米，是旅顺的第一高峰。老铁山南濒烟波浩渺的黄海，西临波涛滚滚的渤海，形成了一山担双海的奇特景观。

老铁山像一座天然屏障横亘在半岛最南端，守卫着京津门户。它山势险峻，易守难攻，因此历来为兵家必争之地。

100多年前，沙俄侵占旅顺的时候，曾在老铁山最高峰稍西一点儿的山头上修建了一座炮台，炮台上装备了一门口径特大的山炮。这是为了扼守老铁山海峡而修建的。如今山炮早已随风而逝，这里只剩下了炮台遗址任人凭吊。

山的西南端有一处海拔86.7米的海岬角，即老铁山岬，人们通常称之为老铁山角。这里也是黄、渤两海的汇合处，它与相距57.8

公里的胶东半岛蓬莱角隔海对峙，遥遥相望。

海岬角下，黄、渤两海的浪潮分别由东、西两边涌来并交汇于此，由于海底地沟运动和两海各自不同水色（黄海海水较蓝、渤海海水略黄）的作用，形成了一道泾渭分明的界线，即黄渤海分界线。

黄海不黄，在这里，黄海是真正的蔚蓝。

本来黄海的名字来源于它大片海域的水色呈土黄色。这是因为，历史上黄河有七八百年的时间是注入黄海的，河水中携带的黄土高原泥沙随之入海，将黄海近岸的海水由蓝色染成了黄色。

为什么现在渤海是黄色的？

还是因为黄河。黄河现在注入渤海，同时还有辽河、海河等几大入海的河流都带来滚滚的泥沙。

在老铁山上仔细观察黄渤海这一道天然的分界线就会发现，它有时呈直线，有时呈"S"形，但是能清晰地划分出两片海域来。分界线的形成据说是因为这里有深度超过60米的海沟，还因为长山群

岛自西北向东南倾斜。

因此，这里也是旅顺自然景观中的第一景。

这样的奇观不是总能看得到的，须秋高气爽，风平浪静，而且波澜不惊，才得一见。它实在是一个奇特的地理景观，不可多得，不可复制。

从观察黄渤海分界线的这个海岬角再一路向老铁山山顶攀爬，沿途可以看到设有多个观景台方便游人赏景。登得越高，回首看黄渤海分界线便越清晰、越壮阔。

再向上，有一处立着一块刻有"一山担双海"字样的石碑的观景台。如果一直走到老铁山最高的那个观景台，可看到山体上的几个红色大字："辽东半岛最南端"。

这就有一点儿渲染北方"天涯海角"的味道了。

还有一处石碑上刻着"唐王过老铁山岬"的传说。传说唐太宗李世民东征时经过此地，在老铁山岬被湍急的海浪阻住了去路，经过一番曲折，最终化险为夷。石碑还记录了当地流传的顺口溜：

无风三尺浪，有风浪三丈。

若过铁山岬，小心把命丧。

拿唐王来说事儿是辽东半岛和胶东半岛都有的故事。

的确，海岬角下的这条水道是我国最繁忙也是最湍急的一条水道，特殊的地理位置造就了这里湍急的水流和幽深的海槽，素有"鹅毛浮不起，芦花定沉底"之说。

关于黄渤海分界线，旅顺还有过这样一个传说。

当年玉皇大帝分封四海龙王的疆域时，唯有渤海龙王和黄海龙王总是在两海分界线上斤斤计较，双方的巡海夜叉、虾兵蟹将常为海界之争大打出手，两位龙王因为此事常闹到玉皇大帝那里。

玉皇大帝大伤脑筋，无奈，他派太白金星到黄、渤两海去巡视。太白金星驾祥云来到辽南旅顺，看见老铁山一峰独峙，雄踞于最南端，此处海水水色竟也略有不同，于是他灵机一动就有了办法。

玉皇大帝依照太白金星的方案召见两海龙王，问他们是否同意在老铁山前海面划分永久界线，太白金星也极力劝二位就此和解。这样，由玉皇大帝钦定了分界方法，太白金星手持一支令箭投向老铁山前，轰隆一声巨响，溅起万丈波涛，海底突然生出一道深深的沟堑，从老铁山直达对面的山东蓬莱角。

老铁山岬位于东经121° 8'02''6、北纬38°43'37''4，为黄、渤两海分界之北端。

分界线划定之后，渤海浑黄，黄海湛蓝。渤海龙

王当时略有不快。太白金星道，休要少见多怪，渤海颜色变黄是因为黄河从黄土高原入海带来的沃土养料，对海里的龙子龙孙与鱼虾鳖蟹繁衍大有益处。听到这里，渤海龙王也高兴起来。

从此渤海的海产特别丰富，鲜美无比，例如带鱼、对虾。

老铁山头入海深，黄海渤海自此分。

西去急流如云涌，南来薄雾应风生。

这首诗说的正是老铁山黄渤海自然分界线的壮观景象。

2

黄渤海分界线是难得一见的自然奇观，从世界范围讲也极少见，奇怪的是现在知名度并不高，专程来参观的人也不多，但每一个来看过的人的评价都是不虚此行。

在老铁山看海视野非常广阔，可以说是将270°的海景一览无余，西南可以看见著名的蛇岛和鸟岛，南望即是渤海海峡，秋高气爽时，北、南城隍岛也清晰可见。

所谓看海，到这里才是真正的看海。

很多人看的海其实是在一个橱窗里看到的，是在一个小框架里看到的。

我曾经去过南非开普敦的好望角，好望角和老铁山角有很多相似之处。好望角是500多年前葡萄牙航海家迪亚士发现的，他是经由好望角到亚洲大陆去探险的。站在好望角的老灯塔上，下面也是两

片海的交汇处，只不过在好望角是左手大西洋，右手印度洋，视野更广，气魄更大。

旅顺老铁山角的黄渤海分界线，在知名度上不如好望角，我感觉在宣传和包装上也存在着差距。例如，好望角在地理标志上下足了功夫，有一处标明经纬度的标志牌，专门供游客拍照留念。

在老铁山却找不到这样的地理标志。

当年我在大连开发区报社《生活周末》版工作时，有一位旅顺的老者常常来投稿，他写的都是旅顺的历史小典故、小故事。老者名潘研，据说他曾经给郭沫若等很多名人都当过导游，为他们讲旅顺的逸闻趣事并大受欢迎。

有一年春天，我们就请潘研当向导，带我们去看黄渤海分界线。

那一次给我的印象非常深刻。当时站的位置离海岸近，海水拍打着礁石，浪花甚至溅到了我们的身上。让我们惊奇的是，在黄渤海分界线处竟然盘旋着许多海鸟，它们停留在海面礁石上，仿佛在聚会和交谈。

潘研对我们说，这里就是老铁山鸟栈。

老铁山鸟栈每年春、秋两季栖息的候鸟会达数百万只，鸟栈范围往大了说还包括鸦鹄嘴、方家村、隋家村、张家村、山头村等约170平方公里的区域，仅老铁山中心区面积就约40平方公里。也许是因为老铁山角地势险要，无人打扰，加之黄渤海分界线两海对撞，风大浪高，滩涂食物丰富，所以这里海鸟格外多，成了鸟儿们休憩的客栈和驿站。

千百万年来，千百万只候鸟每到春、秋两季都会来这里休养生息、驻足繁衍，同时在这里它们要养足气力来准备飞过渤海海峡到南方或者飞回北方。

所以这个鸟栈对于它们来说太重要了。

成群的鸟儿就在你的头上飞，也许是告别，也许是不舍，也许没有也许，只是我们人类自己在这里多愁善感。

这里有记录的鸟类达300多种，占全国鸟类种数的两成，其中属于国家一级保护鸟类的达11种，例如丹顶鹤、大天鹅、白尾海雕、虎头海雕、金雕、大鸨等，保护级别等同于大熊猫和东北虎。

属于国家二级保护鸟类的有45种。特殊的地理位置使这里成为全国独一无二的"鸟类博物馆"和大连的"生态名片"。

在这里，大型猛禽也很多。例如金雕，常随气流做壮观的高空翱翔，翱翔时两翅上举呈"V"字形。

白肩雕，体羽黑褐色，肩部明显的白斑是区别于其他雕类的主要特征，主要以啮齿类、鸟类、爬行类等动物为食。

胡兀鹫，鹰科胡兀鹫属，以大型动物尸体为食，有时也猎取小型动物。

白尾海雕、虎头海雕都是以鱼类为食，也捕食鸟类和中小型哺乳动物。

清人杨同桂所著《沈故》一书中就曾有"金州厅旅顺口一带有雕厂数十座"的记载。就是现在，据说全国10多个城市动物园里展出的雕，多数是从老铁山鸟栈捕获的……

从遥远的年代开始，老铁山附近村民一直都有"照雀"习俗，"照雀"就是捕鸟。老铁山成为国家级自然保护区之后，这一习俗已经成为历史，老铁山下还建立了鸟类观测站。

从老铁山黄渤海分界线再向东走，会看到老铁山灯塔崖下海边有一石碑，这是为纪念北京体育大学教师张健横渡渤海海峡而立。

2000年8月8日上午8时，张健穿着"鲨鱼皮"泳装在此下水，不借助任何漂浮物，在经过50小时22分的海中徒手泅渡后，8月10日上午10时22分游到山东蓬莱东沙滩，成功地横渡了123.58公里的渤海海峡（海域直线距离109公里），成为横渡渤海海峡的世界第一人，创造了男子横渡海峡最长距离的世界纪录。

看着神奇的黄渤海分界线，听着海浪拍打岩石的声音、海鸟叽叽呱呱的声音，我不免心生感慨：我们的先人从独木舟时代开始，就来到这片海上进行探索和开拓。他们在海里漂泊、捕捞，在岸上

旅顺老铁山文化遗址

搭建半地穴式的房屋，开始繁衍生息。

老铁山下，也是大连远古先民最早的聚落之一。

3

老铁山还有一处景观是非去不可的，那就是著名的百年灯塔。

海岬角东侧的老铁山灯塔，是我国最著名的一处海上灯塔，甚至被称为"中国第一灯塔"。

我们大连历史文化保护志愿者有一次开年会，旅顺的小女子心心报告的题目竟然就是《大连海上的灯塔》。

我们也知道，在大连长长的海岸线上和一座座岛屿上，其实是有很多灯塔的。每当夜幕降临时，灯塔的一道道光芒射向海面，它们为远方的船只照亮前行的方向。它们是远航船只的守护者，也是海边独特的风景。

但作为一名大连人，你能叫出大连多少座灯塔的名字？你知道这些灯塔背后的历史故事吗？你了解这些灯塔独具特色的美吗？

尴尬了！当时我们面面相觑。

大连有多少座灯塔？

没有几个人会知道准确的答案。

让我们赞叹的就是，心心真的去了很多鲜为人知的海岛，包括"大连第一岛"——圆岛，它在地图上是根本找不到的。但是圆岛上有航标灯塔，而且是在1925年日本殖民统治时期修筑的，岛上还有战争的遗迹。

但是最著名、资格最老的还是老铁山的这一座灯塔。

南非好望角上的那座著名老灯塔已经成为一处纯粹的景观来供人欣赏，它是1849年修筑的，而老铁山灯塔建成于1893年，仅仅相距44年时间。

百余年前，大清在旅顺为北洋水师建设军港后，为了保障北洋水师军舰的出行安全，同时也为了给从此处经过的商船、渔船提供导航便利，在1892年由清朝海关负责，请法国人来设计制造内部构件，由英国人来完成勘测和修筑，于是才有了这座百年灯塔。

百年灯塔很好找，位于老铁山一处高耸的山崖上，沿着花岗岩

石阶可一步步走上去，现在入口处有一高大的门楼，上书"老铁山灯塔"几个大字。进到灯塔里才感觉到内部其实很狭窄。灯塔旁有辽宁省政府立的一块文物保护碑，还有一块石碑是"世界历史文物灯塔"碑，配有小字详细介绍。灯塔下是一处小广场或者叫小平台。

灯塔主体部件是1892年由法国人制造的，它的"八角牛眼聚光灯"和"水银悬浮运转系统"至今仍有极高的工艺价值。

整个灯塔高14.2米，白色的塔身呈活顶圆柱形。

灯塔当时配备的是最新式头灯，用重锤、铰链和减速齿轮箱装置带动透镜旋转，燃煤油白炽灯。塔顶置联闪灯，当时的光力射程可达25海里（1海里=1852米）。经历了中日甲午战争和日俄甲辰战争后，灯塔仍保存完好，继续发挥着导航作用。

1997年10月，老铁山灯塔与浙江嵊泗花鸟山灯塔、浙江温州江心屿双塔、上海青浦泖塔、海南临高灯塔被国际航标协会列为世界历史文物灯塔，成为世界百座著名古灯塔之一。

随着科技的飞速发展，电灯代替了油灯，电机代替了旧机械。1977年，老铁山灯塔增设全球卫星高精度定位系统，2002年装备船舶交通管制雷达站，2004年又建设了船舶自动识别导航系统，老铁山灯塔以崭新的面貌为我国的航海运输事业继续发挥着重要的作用。

百年灯塔之下就是著名的黄渤海分界线。

想顺带说一下的是，除了老铁山这座老资格灯塔，大连港的一红一白两座灯塔也是一对"明星"，因为那是大连港最早的灯塔，

红色"南灯塔"建成于1912年，白色"北灯塔"建成于1913年。灯塔为花岗石结构，距水面2.1米，光力射程12海里。

4

大连作家素素曾经在《旅顺口往事》这本书中说，老铁山是母性的山，因为它的山脚下有大连地区最早的一些聚落，例如新石器时期的郭家村遗址等。

老铁山周围现在有于家村、刁家村、王家村和郭家村等村落。位于老铁山西坡的郭家村附近有5000多年前的新石器时代文化遗址，这里也是辽南最重要的一处原始文化遗址。

如今，从郭家村下层文化遗址中发现的一些文物已经成了各地博物馆收藏的珍品。例如在旅顺博物馆，甚至还专门设立了一个郭家村文化遗址展厅，用于展出从那里出土的文物。

感觉郭家村是一个女人的世界，因为这里出土了用兽骨做的簪子，还有十分精细的骨针、纺轮，等等。

郭家村遗址在日本殖民统治时期就已经被发掘，而大规模的发掘是在1976年，那一次发掘证明这里受到了山东大汶口文化和龙山文化的影响。遗址西北距海仅有1000米，距离黄渤海分界线也很近。但是现在来到这里已经什么都没有了，只能看见两块石碑，证明此处曾经是新石器时代的遗址而已。

郭家村出土的文物颇多，琳琅满目，最值得一提的就是其中一枚非常精致的骨针。直到现在，很多考古工作者仍对郭家村遗址发现的那些骨针感到好奇与吃惊。例如，其中一枚骨针的针眼非常细小，仅能穿过一根现代的蜡光线。看着如此精致的骨针，人们不禁要猜测，5000多年前这里的先民究竟使用了什么样的线，缝制出了什么样的衣物呢？

实在是有些不可思议。

郭家村遗址的下层文化距今约5000年。那时的房屋为半地穴式，用木柱来支撑屋顶。这里还出土了打制得十分精致的石刀、石铲、石网坠，磨制的石斧、石锛，以及烧制的陶纺轮等，生产工具十分丰

富。先民已经学会了用网捕捞鱼虾，用带有石箭头的弓箭狩猎。从遗址中还发掘出大量的猪骸骨，说明当时已开始饲养家猪。

总之，那时这里完全是一番男耕女织的田园景象。

当然，郭家村遗址的上层文化同样灿烂夺目。上层文化起源于4000多年前，与龙山文化一脉相承。从出土文物看，除石器、玉器、玛瑙器外，还有大量陶器。陶器中以类砂黑褐陶为主，还有一定数量的泥质黑陶，以及三环足盘、鼎、镂孔豆、碗、双耳陶罐、钵、杯等。

最为珍贵的是，在这处遗址里还发现了稀有的三色彩绘陶，这是一种极具地方特色的彩陶制品，偏偏在郭家村遗址中发现了。

关于它的烧制方法与绘制过程，仍然有很多待解之谜。

老铁山周围的史前遗址说明了什么呢？说明当时的旅顺乃至大连地区是新石器时代乃至青铜时代辽南人口最多、文明最发达的地区之一。

一道残垣——诉说沓津千年沧桑

曾经有人说，旅顺是中国北方三大古港（即登州港、琅玡港、旅顺港）之一；也有人说，旅顺是中国四大古港之一。但我翻阅资料了解到，四大古港应该是登州港、泉州港、扬州港、明州（今宁波）港。

其实旅顺就是旅顺，是中国也是世界唯一的，何必在意这些名头呢？

但是说到古港，就应该说说旅顺牧羊城。

牧羊城，一个田园牧歌般的名字，一个很文艺的名字。

几年前我第一次去寻访牧羊城，还颇费周折。我们驱车沿旅顺滨港路一路向西南走，边走边问，竟然无一人知道牧羊城遗址，而到处都是新楼盘和醒目的大广告。走过老铁山路口再向西，遇见一卖水果的乡村女人，才知道了牧羊城村的方向，于是疾驰到了村里，走到村路的尽头，看见一片已经打完场的玉米地。我们隐隐看见玉米地地头有石碑，带着疑惑走过去，竟然就是牧羊城遗址的两块文保碑。

更具体地说，遗址在铁山街道刁家村西南、刘家村东南的一块丘陵上，西南距渤海东岸仅仅500米。如果说，辽东半岛突起的千山余脉的山脊像一柄利剑插入大海，直指胶东半岛，那么，当年牧羊城就是那柄利剑的剑尖。

在我走过的辽南诸多汉城遗址里，仅旅顺牧羊城还存有一道残垣，其余的所谓汉城在遗址地几乎都找不到"城"的一点儿影子了。

牧羊城最初的发掘是在1928年，大连那时还处在日本殖民统治时期。这年9月，日本东亚考古学会和关东厅博物馆（今旅顺博物馆前身）共同组织对牧羊城进行了一次考古发掘。

经勘察发掘，牧羊城城池为长方形，东西宽约82米，南北长约133米，周长约430米，与文献记载的"二百五十步"（当时每步为5尺）基本相符。北壁有一个宽约12米的缺口，当为城门所在。

那一次发掘出土的文物之丰让人惊叹，有青铜时代的石斧、石刀、石镞、石纺轮和骨镞、骨针等各类生产和生活用具；有战国至汉代的铜镞、铜镦等兵器；有铜带钩、铜斧石范、铁镬、铁刀、铁锸、泥质灰陶罐、豆、盆等生产和生活用具；有花纹砖、板瓦、筒瓦、模印有"长乐""未央"文字的半瓦当以及卷云圆瓦当等建筑构件；还有明刀钱、明字圆钱、一刀钱、半两钱、五铢钱、大泉五十等战国和西汉时期流通的货币。

发掘成果的丰富自然让日本学者十分得意，于是他们在1931年出版了《东方考古学丛刊》的甲种第二册《牧羊城——南满洲老铁山麓汉及汉以前遗迹》，它成为东北考古的重要文献史料。

日本人在牧羊城发掘期间，又捎带对城址周围的古墓进行了

调查，发掘了刁家屯、于家屯、官屯子等地的贝墓、石墓、瓮棺墓等。

2019年，有位大连旅行社的朋友去日本，他在京都大学的博物馆惊讶地发现，这里还在展示当年日本东亚考古学会在旅大地区的发掘成果，包括旅顺羊头洼贝冢遗址里出土的文物等。他在群里发

了图片，让我们也十分惊讶。

时隔32年，从1960年开始，我国自己的考古工作者开始对牧羊城及附近的尹家村、刁家村、刘家村等进行考古发掘。

尽管此前日本人已经发掘了许多古墓，但经过大量调查和科学发掘之后，我国考古工作者依然发现了许多新的战国至汉代的土坑墓、贝墓、砖室墓、瓮棺墓和石墓。在大坞崖汉代遗址中还发现陶圈水井一眼、铁镬和陶器、瓦当等。

另有一个重要的收获，就是在这一带采集到了专门为封缄信件而钤印的"河阳令印""武库中丞"封泥等。

这些文物进一步证明，牧羊城在战国、西汉时期都是一座非常重要的城，是山东半岛至辽东半岛交通线路上的一个重要枢纽。

当时无论是中原官府往来信件、公文和军需品，还是中原汉民族的布帛、漆器、铜器等手工业商品，多经过牧羊城再北上抵达辽东郡的襄平以及东北其他地方，或直达朝鲜半岛的乐浪郡。

而东北游牧民族的特产羊、马、毛皮等也汇

集到这里，源源不断地越海运抵中原和南方。当时，这里不仅是一座海防城堡，也是沟通中原与东北地区政治、经济、文化的枢纽和桥头堡。

按当地人的说法，它的本名应该是木羊城，是由渔民祭海风俗而来的很乡土的名字。

据说，生活在这里的先人们靠打鱼为生，老铁山下的海域水深流急，每遇狂风大浪不能出海的时候，渔民们便杀猪宰羊抛入海中，以祭海神，求其保佑平安。后来，人烟渐稠，没有那么多猪、羊怎么办呢？有人就想到刻木猪、木羊来代替，所以就有了以木猪头、木羊头投海祭祀的方式。

有一天海上又起大风浪，渔民们虽将木羊头全都抛进了海里，但船还是被打沉了。待风平浪静后，渔民们发现有三颗木羊头漂到了三个地方，后来变成了三座小岛，从三面屏蔽海湾，从此形成了叫羊头洼的良港，以后每每遇到风浪，来往船只便驶入这个港内避风。离港湾不远的小城堡就叫了木羊城。现在旅顺还有叫一羊头、二羊头、三羊头的地方，成了这个传说的一个有力注脚。

至今，牧羊城周围因羊而来的其他地名都还在，却不知道城堡因何最后有了很"文艺"的名字。是某个人在记录它时，将同音字有意无意地写成了另一个？抑或这里真的曾经是牧羊的地方？

这座古城如今仅剩下城基残迹。城基系用石头砌成，城墙则用土夯筑，隆起地面约2米，西壁最高处约有3米。可见，原来的城墙显然是比较高的。

从考古发掘成果来分析，牧羊城修筑于距今3000多年的青铜时代遗址之上，始建于战国末期，兴盛于西汉，衰落于东汉，而后渐渐废弃。

牧羊城遗址及出土文物

很早以前，学术界还曾有人推断这里就是汉代的沓氏县城。

1923年，日本南满洲铁道株式会社庶务部调查课以八木奘三郎为首，对东北地区已考查核实的古物进行分类汇编，历时5年撰成《满洲旧迹志》3卷，此书可称"满洲"地区（主要是辽宁）地面古物遗存的一本总账簿。

《满洲旧迹志》认为，沓氏县址就在牧羊城。

持这一观点的还有我国著名考古学家安志敏。

安志敏师从裴文中、梁思永、夏鼐等大家，生前曾任中国社会科学院考古研究所副所长、《考古》杂志主编、中国社会科学院研究生院院务委员兼考古系主任等职。他一生致力于田野考古，曾经发表《双砣子与岗上——辽东史前文化的发现和研究》等报告，这些报告对辽东半岛史前文化研究有着开拓性、指导性的意义。

安志敏认为："沓氏县为辽东门户，通过海路与中原交往密切，'河阳令印''武库中丞'便是有力证据。牧羊城当为县治所在，可能战国晚期以来已成为统治的中心。尹家村一带既有汉墓分布，附近的大坞崖遗址又可能是汉代的聚落遗址，这里显然经过长期的发展。"

但是，质疑牧羊城不是沓氏县县治的理由似乎也很充分。

据民国时期的《奉天通志》记载："牧羊城，城（指金州城）西南一百五十里，周围二百五十步，门一。"折合成我们熟知的计量单位，它东西宽约82米，南北长约133米，也就是说它的城区仅有1万平方米，作为县治所在，小了点儿。

尤其是相比于对大岭城、营城子、张店汉城的猜想，牧羊城现在的悬念似乎已经不那么"悬"了，像《大连百科全书》就已经把它定为海防城堡遗址。

我认为，虽然牧羊城建筑规模很小，不太像我们想象中的沓氏县城治所，但还真说不准。

也许，在遥远的古代，县城治所并不以城的规模大小而定，有时候，地理位置比建筑规模更重要。

现在可以肯定的是，牧羊城曾经是沓津即港口所在地。

到了21世纪的今天，牧羊城的性质是什么已经不那么重要了，在翻云覆雨的岁月里，它于兵、火、风、雨等九九八十一难中能幸存下来，也许就在等待后来人从新的视角真正认识它，或者站在它的身旁有所领悟，于海洋深处看到新的方向。

一切，还都有待于今后进一步发掘考证。

到了东晋、隋、唐之际，这里又改名为马石津；辽、金、元时期，因老铁山如雄狮踞此，故又名狮子口。

明洪武四年（1371年），元朝辽阳行省平章政事刘益主动归顺明朝，明太祖朱元璋特令马云与叶旺两员大将领兵渡海奔赴金州，代表明朝皇帝接受刘益归顺并收复辽东。

朱元璋说："沧海之东，辽为首疆，中夏既宁，斯必戍守。"

马云、叶旺的大军准备启程，说也奇怪，他们未开船之日，登州府一带海域浊浪滔天，弄得将士们人心惶惶。但马云、叶旺胸有成竹地说："三日内肯定放晴，因为我们是正义之师……"果然，他们从山东上船，在海上航行了三天三夜无风无浪，顺利到达狮子口。因为旅途顺利，马云、叶旺就把狮子口改名叫旅顺口。

旅顺口之名始于此。

北洋选址——山海形胜天然良港

在旅顺东港南部、黄金山北侧，一座由条石垒砌的大坞在这里已经静卧了约140年。这个当年被称为"东方第一大坞"的工业遗迹，宛如古罗马斗兽场、长城烽火台一样壮观而凝重。一艘大船携海水汹涌而入，便仿佛是一位于厮杀的战场上负伤的英雄要在这里刮骨疗伤一样，当他从这里一跃而起拔剑出去的时候，必定又是去迎接一场血战。这是19世纪80年代初期创造的建筑奇迹、工业奇迹。围绕旅顺大坞的建造，大连近代工业文明的大幕徐徐拉开，大连乃至东北的第一批产业工人开始登上历史的舞台。

1

旅顺港和要塞的历史如果要拍一部气势恢宏的史诗大剧，第一季的男主角一定是李鸿章。漫步旅顺，似乎处处都有李鸿章的影子。

如果从朝廷的重视程度上看，洋务运动之初兴建旅顺港与我们

改革开放之初兴建深圳特区很相似。为了把旅顺港建设好，职权相当于国务院总理的李鸿章不顾年迈体衰，不惧风浪颠簸，先后8次来视察旅顺和大连湾，其中4次是来督建大坞，2次是来检阅北洋水师舰队。有史以来，一个政府首脑级别的领导人对一个偏僻之地如此青睐，实属罕见。

清光绪十二年（1886年）的那次视察是最隆重的一次。

那一年5月17日，醇亲王奕譞（总理海军衙门事务大臣、光绪皇帝之父）在李鸿章的陪同下，乘坐海晏轮，在定远、镇远等14艘军舰的护卫下，抵达旅顺口。奕譞与李鸿章被轿子抬上西官山，俯视旅顺港，眺望黄金山炮台，显得踌躇满志。李鸿章手指着远方的黄金山，随口说道："既有黄金，当有白玉。"随即，西官山改名为白玉山。

5月20日，醇亲王一行登上黄金山炮台，李鸿章调集定远、镇远等八舰演阵、打靶，又观看刘含芳训练多年的鱼雷艇表演发射。旅顺口新修的海岸炮台也竞相开炮，连环打靶。一时间，黄金山麓炮若雷鸣，撼地震天。醇亲王第一次见此场面，十分高兴。其实，

他哪里知道，演习中藏着许多猫儿腻。据说，当时为了向英、法、日等国的海军武官炫耀，李鸿章事先在靶船上藏着两名死囚，赏其家属重金，待听到定远、镇远的炮响，就点燃靶船上的炸药与靶船同归于尽。由于距离远，观看演习的人看不见炮弹激起的浪花，只看见靶船的巨大爆炸。实弹演习之后，宾主无不拱手，向李鸿章表示祝贺。

光绪十四年（1888年）12月17日，清政府新式海军——北洋水师正式成立。

如今，在旅顺口，每到一处，几乎都能看到与北洋军港有关的建筑物，尽管这些建筑物大多已经陈旧，有的甚至已经破损，上面却留有北洋大臣李鸿章的影子。就在中日甲午战争爆发前两个月，李鸿章第八次来到旅顺口，在龙旗下检阅北洋水师舰队。当然，这也是李鸿章最后一次来旅顺口。两个月后，他引以为傲的北洋炮台、北洋战舰、北洋水师、北洋军港，转瞬之间便在日军的炮火下崩溃，成为神州大地上一道深深的伤疤。

从近代李鸿章说起，光绪六年（1880年）可以算作是旅顺口历

史的一道分水岭，作家素素也曾经这样说过。

为什么？因为光绪初年，清政府总理衙门开始筹办海防，李鸿章受命督办北洋海防事宜。从此李鸿章也与旅顺的命运绑在了一起。在长达15年的时间里，李鸿章既是旅顺防务的总设计师，也是建港工程的总指挥，也可以说，当年的旅顺是李鸿章督建的一个"特区"。没有李鸿章，就没有旅顺军港。

李鸿章关于在旅顺建港、坞的奏折

但最初，李鸿章曾打算把这个海防基地建在大连湾，而不是旅顺口。当时他认为：大连湾距奉天金州三十里，系属海汊，并非海口，实扼北洋形胜，最宜湾泊多船。

然而到了1880年春，李鸿章选派英国籍顾问葛雷孙、哥嘉等人率领蚊船至大连湾勘测。这次勘测的结果改变了李鸿章拟在大连湾建港的主张，从而决定把建港的地点改在旅顺口：

> 金州之大连湾，可泊兵船多只……选取派英弁葛雷孙、哥嘉带蚊船前往相度。以大连湾门口过宽，非有大支水陆军相为依护，不易立足。目前仅蚊船四只，明年再添碰快船二只，船数无多，只可选择著名险要旅顺口屯扎，

光绪十三年（1887年），清政府在英国订购的新型巡洋舰致远舰，邓世昌任管带

北洋舰队旗舰定远舰，刘步蟾兼任管带

以扼北洋门户。

后来李鸿章下属袁保龄奉命又去北洋各海口勘察，他周历了大沽口、大连湾、烟台、登州、威海、旅顺等处后也认为：

> 旅顺为北洋第一险隘，可战可守，前有老铁山与南北城隍岛最近，然亦有四十余里之海面，若水师得力，此两山炮台、水雷足以助势，敌舟无敢轻过……
>
> 通计北洋形势，铁舰不能进大沽口，大沽是天生奇险，亦非必巨舰驻守；大连湾口门太阔，是水战操场，未易言守；庙岛两面受敌；登州船不能进口；烟台一片平坦，形势最劣；芝罘岛、威海各足自守而无藏铁舰、驻大支水师之地……环观无以易旅顺者。

这样，前后历经9个月的勘察、论证，最终从北洋舰船实力和大连湾、旅顺地理形势等实际情况出发，李鸿章下决心将经营大连湾的意图放弃，集中力量经营旅顺。

所以说，1880年可以算作旅顺口历史的一道分水岭、一个重要的时间节点。

其实早在清道光、咸丰年间，因"睁眼看世界"而著名的学者魏源就曾对旅顺口的战略地位有过论述：

> 旅顺口渤海数千里门户，中间通舟仅数十里，两舰扼之，可以断其出入之路，泰西人构患天津必先守旅顺口。

在第二次鸦片战争期间，英国侵华海军司令何伯也到过旅顺港，他当时惊叹不已，称之为"东方的直布罗陀"。

这说明，有识见和眼光的人对旅顺口的险要地理位置的认知都是所见略同。

旅顺港位于东经121°15'、北纬38°48'，常年平均气温为10摄氏度左右，海港内严冬不冻。旅顺港东有黄金山，西有老虎尾半岛，左右环山，实属一天然良港；左右两岸山势险峻，不易攀登，不经湾口，难以入内，在军事上易守难攻，是不可多得的国防门户。

也有人说，老虎尾半岛的旅顺港实际就是渤海湾的微缩版，都是被形如蟹螯之势拱卫着。

光绪七年（1881年）深秋时节，李鸿章到旅顺口老虎尾海面上视察，看到这里左右山峰环绕，海域水深港阔，门户自然天成。随行的要员周馥不禁大为感慨，当即赋诗曰：

朝宗万派瀛寰水，此是神京第一关。

也可以用八个字来概括：京津门户，渤海咽喉。

此前，旅顺口还有一个官弱兵萎的水师营，这个水师营是归属

金州副都统衙门管辖的，维持海上治安和缉捕海盗、防止走私性质的"水上警察部队"而已，其主要任务竟然就是稽查海船携带鸦片走私。

水师营的历史可以追溯到明代。因为旅顺水师营正是因明代辽东巡抚赵楫的奏请而设置的，当时主要用于防御倭寇的骚扰和掠夺。

清代初期，辽南沿海依然有海盗和倭寇来侵扰，沿海居民苦不堪言。为了防守辽南，缉捕海盗，抵御倭寇，在康熙五十四年（1715年）再次设置旅顺水师营，设主管协领一人，为从三品武官，由熟悉水战的汉人军官担任。水师营兵丁最多时有700余人，在道光二十三年（1843年）时正式归金州副都统衙门管辖。

1881年，为了修筑军港，李鸿章来到旅顺口视察，在视察过程中发现老水师营停在旅顺港内的船已经破旧不堪，无法使用。于是，他向朝廷呈报了"请裁金州艇船片"。清朝在旅顺设置水师营始于1644年，至1881年裁汰，共历时237年。

此后，旅顺口摇身一变，成为东方第一要塞、大清北洋水师的第一军港；北洋水师则成为直接由北洋大臣李鸿章管辖的一支拱卫京津门户的铁甲舰队。

单从字面讲，此前的水师营仅是"营"的设置而已；此后的水师营扩展为北洋水师，"师"的意义增大了。其实际意义还远不止于此。

北洋舰队主力舰镇远舰，左翼总兵林泰曾兼任管带

2

除了李鸿章，还有几个关于旅顺的人物也不能不提，例如袁保龄和汉纳根。

光绪七年，李鸿章调派袁保龄"办理北洋海防营务诸差"，袁保龄实地勘察后对旅顺口地理位置的认识更为深刻：

大连湾亦水师习战之区，周环数十里而非可言守。……论者谓西国水师建闸择地，其要有六：

水深不冻，往来无阻，一也；

山列屏障，可辟飓风，二也；

路连腹地，易运糇粮，三也；

近山多石，可修船坞，四也；

口滨大洋，便于操练，五也；

地出海中，以扼要害，六也。

合此六要者，海北则旅顺口，海南则威海卫耳。两地相去海程二百数十里，扼渤海之冲，而联水陆之气，此固天所以限南北也。

确定在旅顺建港之后，李鸿章派赴旅顺主持建港工程的大员计三次。

第一次是在光绪六年冬，派来旅顺的是一个县令叫陆尔发，还有德国人汉纳根。

第二次是在光绪七年，旅顺建港计划确定之后，将陆尔发调回，改派海防营务处道员黄瑞兰来主持修

袁保龄

筑炮台和拦潮坝工程。

第三次是在光绪八年（1882年），由袁保龄接替黄瑞兰。前两位都是一年一换，走马灯性质，盖因实在是烂泥扶不上墙。到了袁保龄，才真正选对了人。

袁保龄，史书介绍其"喜读经史，胸怀伟略"，1881年以其"谙习戎机，博通经济，才具勤敏"而得到李鸿章的赏识。

汉纳根

袁保龄在旅顺主持建港工程长达4年之久。旅顺建港的许多重大基础工程都是在他的领导下完成的。袁保龄不但肩负着创建旅顺港的艰巨任务，还负有旅顺地区战场建设，特别是海防防御设施（主要是炮台）建设的使命。

可以说，对大连地区永固炮台的初期构建，袁保龄功不可没。

在李鸿章"船坞即为水师根本，自不得不设炮台护卫"，"非炮台蚊船不能立足"的思想指导下，旅顺建港之初，首先在黄金山修筑了第一座炮台。

袁保龄到任之后，将修筑炮台与建港工程并举。在中法战争期间（1883年12月至1885年4月），传闻法军可能北犯，清朝政府对此高度关注。袁保龄将修筑海岸炮台的工程作为各项工程的重点，集中全力进行赶修，除黄金山炮台之外，又在旅顺东、西海岸赶筑炮台9座。

上述举动深得李鸿章的赞赏。光绪十五年八月五日（1889年9月9日），李鸿章在为袁保龄上奏朝廷的"请恤片"中说："九年，法越开衅，海防戒严，旅顺口仅剩黄金山炮台一座。该员跋山涉海，勘地督工，不数月而东西两岸大小七台屹然并峙，声势稍壮，敌舰竟未敢北窥。"

袁保龄在旅顺口所领导构筑的炮台吸收了许多当时的新思想，属于新式炮台。

　　在旅顺和大连湾建设炮台的过程中，不能不提到的另一个人物就是德国人汉纳根。

　　汉纳根是德国贵族后裔，在德国曾任普鲁士陆军炮兵少校，是炮台专家，对永固炮台的构建经验也很丰富。光绪五年（1879年），经天津海关税务司德璀琳的推荐，汉纳根来到中国。由于当时李鸿章已确立自己的海防思想，准备修筑海防基地，大规模构筑炮台，而汉纳根刚好就是李鸿章急需的人才，加之汉纳根还能说一口流利的汉语，于是李鸿章便将这位炮台专家留在身边，作为自己的军事顾问。

　　1880年，汉纳根由天津来旅顺，设计修筑炮台和协助建港工程。旅顺海岸炮台，也包括大连地区的一些炮台多为他设计监修。1886年5月，醇亲王来旅顺巡视，返京后，奉旨赏给汉纳根三品顶戴，以示鼓励。

　　汉纳根在旅顺、金州地区工作6年之久。1886年回天津，在李鸿章设立的北洋武备学堂任教官。光绪十三年（1887年）回德国，光绪十九年（1893年）重返中国，继续任李鸿章的军事顾问。光绪二十年（1894年），他参加了中日甲午战争，7月"高升号"运兵船被日军击沉，他跳入海中泅水脱险并吁请救援，救回200余名落水清兵，9月又参加黄海海战。

　　中日甲午战争之后，他着手出资开采井陉煤矿，在中国军阀的支持下，很快成为富翁。1914年，第一次世界大战爆发，他为支持这次战争，财产消耗殆尽。1925年3月，汉纳根患病去世，由中国人高星桥出银10万两料理丧事，尸体殓装于水晶棺内运回德国安葬。汉纳根在中国生活长达46年，终年70岁。

炮台硝烟——见证甲午甲辰国殇

　　旅顺最应该一看的景观，我以为，不是4月绚烂的樱花、形如火的龙柏和珍稀的星花玉兰，不是老铁山的百年灯塔，不是泾渭分明的黄渤海分界线，当然，更不是渤海中那万蛇起舞的蛇岛和海鸥翱翔的鸟岛……

　　是什么？是旅顺口的古要塞、古炮台，是中国近代史上两次最重要的战争——中日甲午战争和日俄甲辰战争的遗迹。

　　现在的旅顺博物馆名声在外，世人皆知，但旅顺的炮台和要塞才是一座最大的室外天然博物馆，现在来说，这才是旅顺口的最大看点，也是大连的一大看点。

　　大连金普新区曾经提过一个口号，就是要规划建设博物馆群。其实大连地区最有条件建设博物馆群的就是旅顺，战争遗迹是旅顺最宝贵的文化旅游资源和建设博物馆群的基础。也许，这也是对战火屈辱、战争创伤的另一种补偿。

1

　　旅顺海防营建的谋划者们沿着旅顺港口的山势地形，最初筑有9座海岸炮台。以旅顺港口门为界，口东有5座，口西有4座。自东向西，依次为崂嵂嘴后炮台、崂嵂嘴炮台、摸珠礁炮台、黄金山副炮台、黄金山炮台、老虎尾炮台、威远炮台、蛮子营炮台、馒头山炮台。

　　除崂嵂嘴炮台为穿窑式外，其余皆为露天式，共配置火炮58门，包括200毫米以上口径的巨炮14门，射程可达到6公里，这在当时可算是射程最远的了。

　　由于旅顺位于辽东半岛之端，孤悬海中，没有广阔的腹地，南关岭附近的蜂腰部极易因为敌人登陆而被切断后路。为弥补这一缺陷，旅顺港又沿北方山峦筑起了松树山炮台、二龙山炮台、望台北炮台、鸡冠山炮台、小坡山炮台、大坡山炮台。从松树山至刘家沟西北端，沿丘陵筑起的长城将各炮台连接成炮台群。与此同时，

在旅顺的元宝坊、虎尾山、校场沟、馒头山等处修建了很多座弹药库，其中南子弹库至今保存完好。

与其他沿海地区的炮台不同，旅顺包括大连的炮台不仅仅承担一般性的海防任务，还有一个特殊之处，就是它们承担着护卫旅顺军港这一重要使命。

因此，大连地区永固炮台的构筑和存在与旅顺军港的修建和存在有着直接而密切的关系。或者说，大连地区的永固炮台是伴随着旅顺军港的修建而构筑的。

从这种战略角度去观察其布局，整个大连地区的永固炮台可以以旅顺港为中心分为前、后两路。前路炮台又可称为正面炮台，包括旅顺港正面的东海岸炮台和西海岸炮台。后路炮台包括旅顺港背后的陆路炮台和大连湾的海岸及陆路炮台。

在旅顺的后路炮台里，我最常去的就是金普新区的徐家山炮台。

现在山上的大炮是"赝品"，供游人观赏怀古凭吊的，而100多年前，徐家山上是有真正的大炮的。

当年修筑徐家山炮台的是淮军提督刘盛休，他统带铭军12营驻防在大连湾。原来的徐家山东西总长1公里多，南北跨度不足500米，海拔90余米。铭军在修建炮台时将山头削去20米，高处的土石填向了低处，使山顶部变平坦，这样炮台的海拔就变成了76米。炮台东西长180米，南北宽70米，呈马蹄形，口向东南。炮台的周围建有8米宽、12米高的围墙。炮台内是水泥浇筑的兵舍和弹药库，西北角开一大门，门楣用汉白玉镶嵌，上书"徐家山炮台"。

徐家山炮台是环大连湾6座炮台中最大的一座，装备16门大炮，其中15厘米加农炮4门，8厘米野炮8门，4厘米野炮4门。这些炮都是汉纳根从德国克虏伯工厂买来的，能上下左右前后自由旋转，是当时世界上最先进的大炮，号称"无双之利器"。

但是，在中日甲午战争中，徐家山炮台的克虏伯大炮到底打没打响，发没发挥出大炮的威力，一直是一个悬案。

许多文献的记载都是，日军兵不血刃就占领了徐家山炮台。

1894年11月7日，日军在攻下金州城的第二天，由乃木希典率领的日军便向徐家山炮台发起进攻。此时徐邦道部在金州城东石门子北台山英勇阻击日军，因弹尽援绝而退走南关岭。守卫大连湾的铭军怀字营统领赵怀业下令所属清军连夜撤退，逃向旅顺。3000名日军在大窑湾海面的大岛、摩耶两艘战舰的炮火支援下，进攻徐家山炮台。徐家山炮台的官兵也跟着赵怀业逃跑了，日军兵不血刃就占领了炮台。

但《金县志》中也有这样的记载：日军在攻占金州城之后，守卫在徐家山炮台（炮台山）的清朝官兵曾用克虏伯大炮猛烈轰击金州城南日军师团的集合地。同时在炮火的掩护下，还有200余名清军步兵向大房身一带运动，以阻击来犯之敌。这说明炮台山上的克虏伯大炮并非一直在沉默。

中日甲午战争中，有一个叫龟井兹明的日本随军记者参与了日军攻占金州城、大连湾、旅顺等战役，他写下了27万字的日记，拍摄了300多幅纪实照片。日本柏书房株式会社于1992年将其编辑出版，书名为《日清战争从军写真帖》。此书有一段文字记述了1894年11月5日一小股日军在进攻金州城时，突然遭遇了来自徐家山炮台五六十名骑兵的袭击。

还有一些文字记载的内容是，在赵怀业率部逃跑时，有极少数的官兵不愿撤退，在孤立无援的情况下固守炮台，浴血奋战，但终因寡不敌众，全体官兵为国殉难。

综合诸家所言，装备有克虏伯大炮的徐家山炮台在中日甲午战争中发挥的作用的确极小。

历史无情地和我们开了一个天大的玩笑，就是这样一座耗费国库白银数百万两，费时10余年的海防屏障，在那个蕞尔岛国——日本的侵略面前，竟不能做一日之守。国人面对此等耻辱，只有泪泣如雨。更有清末诗人黄遵宪块垒于胸，悲哀难抑，写出了《哀旅顺》的悲歌。

> 海水一泓烟九点，壮哉此地实天险。
> 炮台屹立如虎阚，红衣大将威望俨。
> 下有深池列钜舰，晴天雷轰夜电闪。
> 最高峰头纵远览，龙旗百丈迎风飐。
> 长城万里此为堑，鲸鹏相摩图一啖。
> 昂头侧睨何眈眈，伸手欲攫终不敢。

旅顺黄金山炮台内部

谓海可填山易撼，万鬼聚谋无此胆。

一朝瓦解成劫灰，闻道敌军蹈背来！

　　但历史又总是变幻莫测的，100多年前与徐家山炮台颇有渊源的两个列强，100多年后再次会聚在山脚下，彼此角色却可以说是发生了"乾坤大挪移"。

　　德国人来了。2002年，蒂森克虏伯集团与中国鞍钢合资，在大连开发区兴建了鞍钢新轧-蒂森克虏伯镀锌钢板有限公司。5年后，蒂森克虏伯发动机系统（大连）有限公司又在大连开发区奠基。

　　日本人也来了。炮台山下的万宝至马达是最早进驻大连开发区的日企。目前，大连开发区有日资企业数百家，佳能、东芝、三菱、富士、三洋、松下等都是全球知名的企业。

　　每年春天，炮台山上的樱花一片绚烂。

黄金山炮台一角

3

  2004年秋天，《中国作家》杂志主编杨匡满来大连，我陪他专程去了旅顺，我们登上了白玉山塔和几处炮台，参观了旅顺博物馆。他当时就建议我：你是大连人，有条件应该写一写日俄战争啊。

  我一下子也想起来，我曾经采访过很多家日资企业，有时就得知：日资企业在开业剪彩时，从日本本社过来的社长、会长等日本老人在仪式结束后常常一定要到旅顺去，要去白玉山塔或者二〇三高地……其实这也是一个公开的秘密。

  关于日俄战争的书籍，我最早读的是苏联作家阿·斯捷潘诺夫的长篇小说《旅顺口》，而且那是1947年莫斯科外国文书籍出版局的老版本，全是繁体字，这反而增加了这本书的神秘感和诱惑力，于是我捧着一本字典读完了。2000年，大连出版社发行了上、下两

被日军闭塞在旅顺港内的俄国军舰

册的《旅顺口》简体字新版本，我又买来重读，由此也迷上了日俄战争史，在网上包括几次到日本去都在搜集相关的一些书籍史料，如苏联作家普里波衣的《对马》等，估计也是孤本了。

喜欢大连历史的人，以及大连的文化人几乎都会收藏一部《旅顺口》。

《旅顺口》这部小说，迄今为止，出版过三次中文版。但三个版本都是一个人翻译的，他就是苍木。

苍木何许人也？原来，苍木就是中共党史上赫赫有名的红四方面军总政委陈昌浩，是中国工农红军最早的统帅之一。红军将领陈昌浩怎么当上了翻译家呢？

1937年11月，指挥西路军作战失利的陈昌浩辗转回到延安，由于路线斗争而受到了"批评"。1939年，他随周恩来赴苏联治病，此后一直滞留在苏联，直至1952年才回国。1943年至1952年期间，陈昌浩一直在莫斯科外国文书籍出版局工作，小说《旅顺口》就是他在这个时期的译作。后来他还翻译过小说《日日夜夜》，编译过《俄华辞典》等。这些编译作品，并不会因时间的流逝而丧失其价值，尤其是他的小说译文忠实于原著而又文字流畅，经得起时间的检验。

《旅顺口》小说的作者阿·斯捷潘诺夫出生于1892年，他的父亲——炮兵上尉尼古拉·伊凡诺维奇·斯捷潘诺夫，在日俄战争初期曾是旅顺炮台的指挥员。这时，12岁的阿·斯捷潘诺夫就跟随在父亲身边。所以说，《旅顺口》的作者正是旅顺口战役的目击者和参与者。他的母亲利齐娅·尼古拉耶芙娜则在敖德萨一所中学里教俄语。

日俄战争后期，阿·斯捷潘诺夫的父亲成为老虎尾半岛上苏沃洛夫白炮炮台的指挥员，在一次炮击中受伤。俄军投降之后，阿·斯捷潘诺夫和他的父亲作为战俘被送到了日本长崎，而后又从那里与伤员和医务人员搭乘轮船，绕过亚洲去敖德萨，回到了他的母亲的身边。

在母亲的影响下，阿·斯捷潘诺夫从童年起就热爱读书，学会了写自己的生活日记和回忆录。

十月革命后，他加入了红军，参加了很多次战斗。1932年，布鲁氏杆菌病使阿·斯捷潘诺夫长期卧床不起，这使他有机会着手撰写关于旅顺口的回忆。

1944年，历史小说《旅顺口》全书出版，阿·斯捷潘诺夫收到了来自旅顺战役参与者们成百封的来信，这些来信又给阿·斯捷潘诺夫提供了当时他不了解的一些插曲及战斗史实，这使得阿·斯捷潘诺夫又为《旅顺口》补写了很多篇章和故事情节。

长篇历史小说《旅顺口》生动地再现了日俄战争中的旅顺口攻

防战，记录了两个帝国主义国家在中国领土和领海上为控制远东重要战略要塞和重新瓜分势力范围而进行的侵略战争。由于小说的艺术性和特殊性，它于1946年获得斯大林文学奖一等奖。

1946年正值苏联红军击溃日本关东军，夺回旅顺口，清算了1905年俄国战败的耻辱之际，因此，在这个时候这本书获得斯大林文学奖具有极强的现实意义。

尽管阿·斯捷潘诺夫作品中的大国沙文主义面目可憎，而且这本书历来颇有争议，但小说《旅顺口》仍值得一读，我认为它是了解旅顺历史尤其是日俄战争史的必读书。

这场100多年前的战争在世界战争史上也是赫赫有名的。在《影响世界的100次战争》一书中，日俄战争就位列其中而且排名靠前。

旅顺大坞内被日军击毁的俄国军舰

但说起来也很奇怪，这样一场举世震惊、最终改变了世界格局的战争，主战场又在大连地区，可在大连却很难找得到相关的书籍史料，甚至有些大连人都不知道曾发生过这场战争，知道的人也有的说不清楚具体情况。

就因为它令我们经历苦难、屈辱和折损了尊严？就因为它是非正义战争？

4

也不能说完全没人来看旅顺的战争遗迹，一般游客登上白玉山的白玉山塔，看那个很奇怪的塔形建筑时，在塔下观察旅顺军港时，其实首先是在看战争遗迹。

这是一个极佳的位置，可以清晰地看到旅顺港的港口开向东南，它的东侧是雄伟的黄金山，西侧则是老虎尾半岛，再向西南就是巍峨的老铁山。

黄金山和老虎尾半岛左右环抱着港湾，宛如蟹之双螯。这一点又非常相像于渤海海峡之辽东半岛与山东半岛的隔海相望，或者可以说它就是渤海海峡的一个缩影。这两个半岛似两只巨臂，环抱着渤海，它们之间的渤海海峡最窄处宽约99公里。

旅顺军港的地理形势左右拱卫，形成环抱，属于咽喉要道、天然屏障。军港的险要之处全在于航道两侧的山上，那里可隐蔽许多火力机关，交叉成网，互相支援，敌舰很难靠近。所以无论是中日甲午战争还是日俄甲辰战争，日军两次都没有从海上攻进旅顺，最后都是从陆路突破的。一些军事家形容说："旅顺一口，天然形胜，即有千军万马，断不能破。"

因此我们也可以理解，古人为什么又将旅顺口称为狮子口。意思应该是进到这个险要处，就如同进了狮子口一样。

那么，狮子口的特点是什么呢？

这个由两山对峙而形成的出海口，其实是一个近似封闭的海湾，其西面较长、东面较短，两侧距离不过300米。准确位置是在东经121°15'、北纬38°48'之间。其独特之处在于，300米宽的海面上只有一条91米宽的航道，每次只能通过一艘大型军舰，真可谓"一夫当关，万夫莫开"。

由于出海口那片弯曲的干滩很像老虎的尾巴，所以人们称之为老虎尾，而那个半岛也被称为老虎尾半岛，当年斯捷潘诺夫的父亲就在老虎尾半岛炮台当指挥员。

正是因为这一独特的地理形势，所以在日俄战争期间，日本海军为了掌控黄海制海权，在沙俄舰队出没的海区航道布设各类水雷的同时，决定在旅顺港即老虎尾这里进行自杀性的闭塞作战。

闭塞行动的总指挥是日本联合舰队的统帅东乡平八郎，他接受

了海军部的有马良橘中佐、广濑武夫少佐等人提出的行动方案，从志愿参加港口闭塞战的军人中再选出精干力量组成敢死队，将甲午战争缴获的清朝北洋水师的军舰和破旧商船装满煤块和碎石，让其闯进港口自行爆炸后沉没。

日俄海战过程中，日军在老虎尾实施了三次港口闭塞行动，对沙俄的太平洋分舰队造成很大的军事压力，大型舰艇被封锁在港内，小型舰只又不能对日军构成威胁，加之后任的分舰队司令维特盖夫特海军少将平庸无能，沙俄舰队只能望海兴叹，成了瓮中之鳖，等着给日军当靶子。

日俄战争之后，日本当局竭力宣扬旅顺闭塞战的所谓功绩，于1905年在白玉山山麓第一转弯处修建了"第三回闭塞队战没将士纪念碑"，并把参加第三次闭塞行动的"朝颜丸号"沉船上的螺旋推进器置于碑前，上书"忠烈辉万世"。

1916年10月，日本又在旅顺港西侧的大圆礁石上建立了一座"港口闭塞队纪念碑"，并把参加第二次闭塞行动的"福井丸号"沉船上的锚置于碑上，东乡平八郎题写了碑名"闭塞队纪念"。

　　当年，日本军舰在旅顺出港时都要高奏《军舰进行曲》等军乐，舰上官兵要向闭塞队纪念碑敬礼。此碑在20世纪70年代时被炸毁，碑和锚现存于旅顺日俄监狱旧址博物馆内。

5

　　为了守护军港，旅顺周围的山上炮台之多远超出人们的想象。旅顺的炮台也绝不仅仅是去过几次就能走完看全，更遑论研究和说清楚的。

　　据说有关部门一直在努力争取将旅顺口申报为中国历史文化遗产里的战争遗迹类，以此作为保护和开发旅顺的一个牛鼻子。很多人都提过很多好建议，后来也没有消息了。

　　倒是在民间历史文化爱好者中，关于旅顺的话题始终热度不减。大连历史文化保护志愿者有几个微信群，时常也会讨论到关于日俄战争的问题，比如，关于第一任大连市长萨哈罗夫逃到旅顺后的结局，关于乃木希典两个儿子的战死地点，关于白玉山塔是否应该拆掉的问题，关于二〇三高地现在摆放的供展览的大炮是不是当年的炮等问题。在这个圈子里，很多人常常会有高论，甚至是惊人之语，虽然难免偏激一些，却体现了一种情怀和赤子之心。

　　军旅作家陈明福在2010年曾经推出他的一部长篇小说《沧桑旅顺口》。他写道：

　　　　当流泪的河流上荡起情歌，当流血的土地上开满了鲜
　　花，当燃烧的沿海炮台渐渐成为斜阳衰草中的废墟，人们

似乎已经有了遗忘昨天、遗忘苦难的理由，特别是沐浴在灿烂的阳光下的年轻一代，不乏有人这样认为。但是严肃的历史老人谆谆告诫我们：忘记昨天的人，必将虚度今天，失去明天。牢记昨天的苦难，抚摸身上的伤疤，才能珍惜今天的幸福，为更加美好的明天去奋斗。昨天，这部历史教科书绝对忘不得，更丢不得。

一座城市、一个地区有别于其他城市、地区并能在历史长河中不被世人遗忘，取决于什么呢？取决于它厚重而独特的历史文化。

旅顺的古港、要塞、炮台，这一身负烽火硝烟的真实的战争纪念碑、大地上的博物馆，也正在这片灵秀的土地上静静地等待着人们走回历史。它们不仅是旅顺、大连，也是中国近代史的一把钥匙、一个标志。不论一座城市怎样发展，有这样的标志，这里的人们就永远不会因为淡忘而迷失。

二〇三高地摆放的大炮

滨海路

茫茫沧海逆潮流，楼橹金戈竞上游。
三十六天风力霸，四千万棹浪花浮。
岸穿蝼蚁堤将溃，水沸蛟龙帆不收。
眼看狂澜胥及溺，空余杜宇泣神州。

有一次参加大连市的一个文化会议，一位外地嘉宾发言时激情洋溢、信誓旦旦地说，如果大连有关方面聘请他，他就为大连人打造一条"情人路"云云。

当时我就在心里暗笑，大连早就有一条"情人路"，那就是滨海路。

中国的海滨城市大多会有一条滨海路，例如青岛、烟台、珠海，例如宝岛台湾。沿海城市的海滨步道，都是在山海之间环海而行，都是可以漫步徜徉、不急不缓地去消磨时光的。

但是大连的滨海路无疑是中国海滨城市中最美的一条路，也是大连人最引以为傲的一条路。

拥有最浪漫最养眼最恬适气氛的地方，滨海路若说是第二，其他路街绝对不敢说是第一。这如彩带般的滨海路在山岭与黄海之间，经大连人长年累月的徜徉打磨，早已盘出了包浆，孕育出了独有的特色。

滨海路——闻着海的味道来"调情"

1

　　大连青年一直是把滨海路当作"情人路"的。你如果没有和他（她）一起走过滨海路，你都不好意思公开你们的关系。

　　一般来说，有了合适的心动的人选，可以互相试探着能否继续交往下去时，必然会有一方——不一定非是男方——来提议："天气这么好，去滨海路走走啊……"如果对方同意了，如果一路走下来非常愉快，那就OK了。

　　据说，大连有些婚姻介绍所就是把滨海路当成他们的大道具和大背景来用的。例如刚刚开始相亲感觉有戏的，就拉他们到滨海路来玩，然后途中让车把两人放下，车开到几公里外等他们。两个人看山看海看美景是会潜移默化影响到心情的，不知不觉就定下了"海誓山盟"。

定"海誓山盟"，就应该是在山海之间嘛。

如果是感情出了问题甚至要分手的，还是到滨海路，选个地儿然后让车把两人放下，在更远的地方等他们。刚开始两个人可能还较劲，都不理对方或者斗嘴，可是走着走着心情好了，习习的海风、轻轻的海浪都会成为感情的融合剂。慢慢地，两个人的手又紧紧牵在一起，谁也不再说分手的事情了。

在这里，山离不开海，海也离不开山。

每年，大连有无数的情侣在滨海路徜徉邂逅，浪漫牵手。每年的情人节时，虽然在大连还属于春寒料峭的季节，这里还是会成为很多情侣共同消磨甜蜜时光的一个选择地。

这一路因为景色优美，也成为大连很多知名影楼的一个外景拍摄地。

带着心爱的人走滨海路的确是一件温馨的事，用手机为女朋友拍下山海之间的靓丽倩影是必须的。边走边拍，你还需要准备一个大容量的存储卡和好眼光。

阳光明媚的日子里，我到滨海路的海边，就一定会看到身穿婚

纱的新娘，后面跟着拽婚纱拿遮光板手忙脚乱的影楼小助手，新娘笑脸盈盈地只管挽着西装革履帅气的新郎，让身后那片蔚蓝定格在一生中最重要的时刻里。

在大连滨海路，这样的画面常见，这座向海而生的城市似乎天生就是与浪漫结缘的。

我还了解到，有很多人早就开始有规律、有节奏、有计划地坚持走滨海路，把漫步滨海路当作自己生活和生命的一部分。

和情侣一起走，享受温馨的时光；牵条狗自己一人走，享受静好的时光；和朋友一起走，和公司的同事结伴走，雄赳赳气昂昂的大队伍甚至打一面旗，享受一路欢歌笑语的时光……

早上走滨海路的，多是上班族或者喜欢健身和力量型的青年；晚上走滨海路的，多是情侣，喜欢缠缠绵绵的情调。晚风习习，牵手漫步海边，明月和人对影成趣。听涛声，看墨黑墨黑甚至有些恐怖的海水，你的感觉怎么样呢？

还有一些白领和学生，喜欢深夜走滨海路。

真的，尤其是夏秋季节的深夜或者说后半夜，这时候的滨海路有闪烁的星空，有蝉鸣蛙声，有很多白天你注意不到的事情和风景。如果是后半夜走，你甚至会碰到早起晨练的人，你还没睡，别人已经起床了。

三四点钟就有在滨海路晨跑的，就能看见晨钓的和参加晨泳的、等待看日出的人。在这里你才知道，原来有这么多人在凌晨就开始了自己的一天。

不过这时辰来走滨海路，你最好不要东张西望，不要听见什么声音就一惊一乍的，因为在这样美妙的夜晚和山海之间，也许会发生什么，你懂的。

作为健身方式，晚上和夜间走滨海路，好处是无艳阳之劳形，少人流之乱心。等到华灯初上，灯光点点，大连的另外一面也许才刚刚拉开帷幕。大连的夜色同样充满着浪漫的气息。在山海、树木、礁石、雕塑和一些极具特色的建筑的映衬下，夜晚的滨海路显得"越夜越美丽"，恍若步入童话世界。

北上广深一直被青年人追捧为就业最佳选择地，但是从寻找爱情的角度来说，北上广深很难找得到大连这样美这样长的滨海路，滨海路最适合谈情说爱、表达感情。

当然，上海有南京路，北京有长安街，广州有北京路，深圳有华强北，喧嚣热闹之中也有爱情发生，不过是方式不同而已。

2

20世纪90年代初，我从"北边"刚到大连，对这座城市的了解还是一片空白。假日休息想去走走逛逛，就请教单位里的一位"老大连"：市内哪儿最好玩？

他认真想了一下说，滨海路。

滨海路都有什么呢？

他又想了一下说，什么都没有。

是不是有毛病啊，什么都没有还能是最好玩？

其实，这是理解和表述上的问题。

我最初是陪着朋友坐车去滨海路看风景的。那次匆匆而过，一瞥之间印象不深刻，回来就记住了北大桥、大榕树观景台、海之韵公园的雕塑等几个地方。这就像欣赏一位美人，远观毕竟缺乏感性认识，如果走近她、亲近她，感觉当然不一样了。

后来就开始徒步滨海路，走了几次终于把全程走下来了。不走不知道，感觉真是好。

　　第一次是从星海广场的百年城雕起步的，由西往东走。经金沙滩、银沙滩、森林动物园、傅家庄、秀月峰、燕窝岭、北大桥直到老虎滩，这是滨海路的西段。第二次是从海之韵广场开始，从东往西走或者更准确地说是从北往南走，左手是山，右手是海。

　　那两次徒步是在早春和仲春，举目是青山碧海、绿树红花、黑石白沙，不时还有喜鹊、麻雀和叫不上名字的鸟儿在头上飞来飞去，叽叽喳喳。慢慢走慢慢看，渐渐地就进入了那个叫"佳境"或者说"仙境"的地方。无论走哪一段，身边三五步就会有青年迎面走过或从身后超过，他们的神采、活力让我羡慕。

　　上小学时曾经挖空心思用"心旷神怡"造句，但心旷神怡是啥，那时说不清道不明。现在可以说，走走大连滨海路，就知道了啥是心旷神怡。

　　我两次分别是从东、西两个方向向中段的老虎滩走。

第一次是从上午11点开始走，一直走到下午3点，这一路段一口气走了4个小时。第二次也走了将近4个小时，真累也真爽。女友的语言一直很生动，她总结说：走滨海路玩得开心，也累得破了相。

第二次是从海之韵广场出发走林海路、迎宾路，然后进入滨海路北段。这里地势险峻，高山直逼大海，也是滨海路里最高的海岸。

大家熟知的大榕树观景台的海拔就有100米，凭临这样的悬崖峭壁，人们隔着护栏观海看景，十分惬意。不仅附近的棒棰岛、三山岛尽在脚下，远望对面山海相连处，大连湾渔港和鲇鱼湾新港也在视野之中，半岛景致尽收眼底。

顺大榕树观景台向前走约750米是怪坡和十八盘。怪坡起点高程已是140米，十八盘起点高程是135米。怪坡怪在哪里？开车走过的人说：下坡得加油，上坡不用加油。这里背后是台子山，台子山是大连南部最高的一座山，因过去有烽火台而得名，周围重峦叠嶂。

很多人说，怪坡的奥秘是视角上的错觉。

过了怪坡就是十八盘，为什么滨海路修到这里要有一个十八盘？

因为地理落差。

这一段路原来是一条沟，虽然直线距离仅仅约1000米，但落差就有132米，如果不修成九曲回肠的十八盘，汽车无法行驶，搞不好会直冲下来刹不住的。

当年建设者们将滨海路修到这里，想找到通往东海头的出口，看到有这么高的落差，于是设计了十八盘来减缓速度，而且使之成为一个景观，的确是巧夺天工。

所谓十八盘，在全国很多名胜景观里都会听到这个名字，例如大连大黑山就有一段路叫十八盘。当然，最著名的十八盘大概还是泰山十八盘。总之，十八盘多是取其双九的大数之意，不一定真的是有十八个盘旋。实际上，滨海路这段只有十二个盘旋，但是整个滨海路多的是这样的曲折盘旋，八十八盘都不足以概括。

十八盘在建设过程中，由于盘旋处要劈山开路，所以造成路两侧有些山体岩石裸露。为了弥补这个缺陷，建设者们对十二处盘旋进行了统一规划，用海洋生物造型的雕塑来覆盖山体，更彰显了大连海域内独有的海洋生物。这些海洋生物雕塑包括水母雕塑组、带鱼雕塑组、古生物化石雕塑组和鲨鱼、鲸鱼、海鳗、珊瑚等海洋生物的雕塑，被称为海底大峡谷的缩影。

要想把滨海路短时间内从头到尾走一遍，第一选择是自驾。挑几个重要观景处看看海、拍拍照，半天时间就OK了。大连人接待外地亲友团，一般都是采取这种方式。

如果亲友团时间充裕，最好能走一走，当然，一定要有车随行，因为滨海路上没有公交车，打车也极不方便，周边饭店、商场很少，所以徒步滨海路要准备好水和食物，分段行进，不能期望毕其功于一役。

3

从林区来到大连之后，我印象最深的是有一年深秋，一对黑龙江的朋友夫妇要来大连，我特意开车去接他们。从大连火车站出来之后，本来是要送他们到宾馆的，朋友却对我说：你有车，那就以最快的速度拉我到海边去看看。

这位朋友和我当年一样，在北边长大，还从来没有见过大海，这种心情我理解。

我们驱车先到星海广场，人太多，于是干脆跑到北大桥，又到老虎滩。他从大连走的时候拍拍我肩膀说，你来了一个好地方，有海。

这些年我也深切地体会到，为自己居住的城市而感到骄傲的人，大连人应该是比例最高的一个，那种骄傲的感情是写在脸上和眼睛里的。

还是继续说滨海路吧。如果你是从西往东走滨海路，那么看见北大桥，你就知道离老虎滩已经不远了。

北大桥是怎么回事呢？

当年大连市政府把滨海路修到菱角湾的海岸边，那时这一片海湾的绿色植被很多，道路起伏也大，不适合直接修路，于是决定在这里建一座大桥。

大桥是1987年6月29日正式通车的，建在燕窝岭与半拉山之间，桥长230米，宽12米。桥为三跨悬索桥，整个桥体被两座钢架支撑悬吊在空中。大桥建好后，主持修筑滨海路的大连市长崔荣汉已经调到辽宁省人大常委会任副主任，大连市有关领导还是特意请他来为这座桥题字。于是崔荣汉题写了"北大桥"这个名字。

当时为什么叫北大桥呢？与北京的"北大"一点儿关系没有，却是与日本的北九州市有关。

也有人猜测说，是日本北九州市给捐资修建的吧，所以叫北大桥。其实这也是一种误传。

原来，1979年5月11日，大连与日本北九州市结为友好城市，签字仪式是在北九州市举行的，大连市政府方面去的是"大连市革命委员会主任"崔荣汉，他和北九州市长谷伍平分别在协议书上签字。这是大连市缔结的第一个友好城市。

后来，最先是北九州市仿照大连老虎滩附近的一座亭子，在北九州市的水源地建了一座相似的琉璃瓦亭。为纪念两市的友好情谊，日方给该亭起名为"大北亭"，意思是"大连—北九州"。

1982年，在两市结成友好城

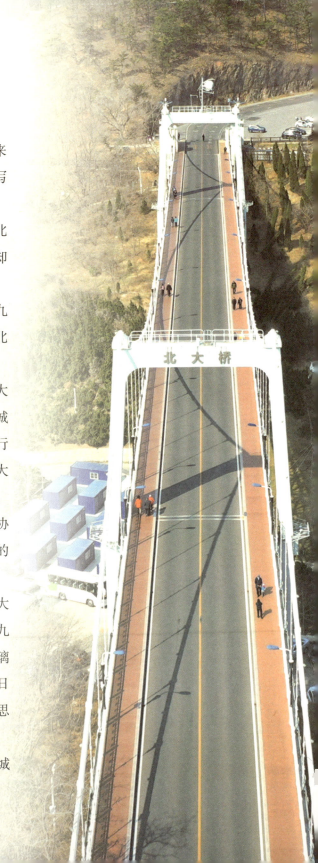

市3周年之际，崔荣汉到日本为这座亭子题了"大北亭"三个字。所以，后来在滨海路上建成的这座桥取名"北大桥"，即"北九州—大连"之意，也是回应北九州市的友好之举，是一种礼尚往来。

北大桥刚刚建成时，大连市民踊跃前往，留影合照以为乐。现在也常常有游人倚桥而立，拍照纪念。不知道从什么时候开始，这座桥由纪念中、日两国两座城市友谊的标志，又延伸出了记录爱情的地标。后来，此处几乎成为大连新婚者留念的必由之路。

每逢所谓良辰吉日，桥上的婚车，首尾相连。在这里，新郎新娘总要搔一香首弄一花姿，摆一相亲相爱的造型来合影，所以这桥也俗称为结婚拍照桥。浪漫之都，果然处处浪漫，尤其山海之间的这座桥，几乎成为一座鹊桥。

滨海路的美，就在于人与自然的和谐交融和浪漫色彩，而且到这里又非常有感觉。你想啊，这里山海之间，春天是杜鹃如火，百花争艳；盛夏是林荫蔽日，海风清爽；秋天是五色绚烂，层林尽染；隆冬是烟波浩渺，海阔天空。这样的美景幕墙，岂不让人心旷神怡、想入非非？

海岸线——何止"17英里"

你也许听说过美国的从洛杉矶到旧金山的加州一号公路，也许听说过"17英里"；你也许还听说过澳大利亚的维多利亚州南部海岸大洋路；还有中国台湾的苏花公路……也许还在心里盘算着什么时候去走走看看。

我以过来人的身份告诉你，滨海路，其实就是大连的加州一号公路、大连的"17英里"，也可以说是大连的维多利亚州南部海岸大洋路，还可以说是大连的苏花公路。

按照地质学的分类方法，滨海路这一带海岸线被称为横向海岸。西班牙西北部的里亚斯海岸是典型的横向海岸，所以人们把这种海岸又称为里亚斯型海岸，它具有岛屿、岬角与海湾大致沿垂直于岸线的总方向做相间排列的特征，这种岬湾相间的里亚斯型海岸也被人们称为梳状海岸，因为它又像梳齿样呈参差状。

087

这也是大连海岸线和沿此线而造的滨海路如此曲曲折折的重要原因。

1

这样美的一条滨海路是怎么诞生的呢？应该说说滨海路的"前世今生"了。

滨海路始筑于20世纪70年代。有的资料说，滨海路原来是条战备路，两端都有军人把守。1983年，邓小平同志到大连来，在市领导陪同下在滨海路散步，他建议开放滨海路，因此这条路便成了一条旅游观光路。

确有此事，但不完全准确。

我曾经几次采访过大连原市长崔荣汉，在讲述开发区创业史的同时，他也断断续续讲过他任大连市长时修筑滨海路和人民广场等的往事。

在20世纪70年代初，有一个"备战、备荒、为人民"的全国总动员，那时全国掀起挖防空洞以及修战备路的热潮，就是准备随时打仗。在这种形势下，大连驻军在滨海路的前身所在处修建了一段战备路，以备战时之需。

这条战备路从南大亭（今星海国宝小区）延伸至东盘道山（今北大桥西侧），是一条简易的军用土路。说起来，这条路从南海头到傅家庄的路段是日军占领大连时期修筑的，从傅家庄至东盘道山的路段是苏军驻扎旅大时留下的简易公路。20世纪70年代，出于战备需要，大连市以傅家庄至东盘道山之间的这条简易路为基础修建了一条战备路，并命名为"海防路"。

当时这条路的东端在老虎滩，西端在南大亭的一个山洞里，里面是部队弹药库，属军事重地，因此这条路的两头当时都有部队把守。

这座城市做好了战争的准备，幸运的是，战争没有降临到这块土地上。

因此那一条战备路随着时间的推移逐渐荒芜了，因为人迹罕至，这里山花烂漫，草木葱郁，海浪喧嚣，一派古朴自然、令人向往的幽静景象。

真正修筑滨海路是从20世纪70年代末期开始的，最初大连市政府修筑了滨海路西段，即在星海公园到傅家庄路段铺设了柏油路面。西段一建成，就吸引了很多市民来参观和游览，那时还没有旅游和休闲的概念，但是大家都认为这条路漂亮，或者用大连话说："血干净，血受。"

1983年，市政府决定继续修筑滨海路的中段，即从傅家庄、八一路至老虎滩、解放路的这一段，并且把它定为大连城市建设的四大工程之一，当时的城市整体规划就已经把滨海路设计为东起棒槌岛、西至黑石礁的一条海滨旅游路线。

开始修建滨海路中段和白云山庄公园时，由于市里财政困难，大连市政府发出"人民城市人民建，建好城市为人民"的号召，搞了义务筑路和绿化两个大会战，在滨海路上打了一场"人民战争"。市内各单位都是有钱出钱、有力出力，那场面浩浩荡荡、蔚为壮观，是令人感动和难忘的。

崔荣汉回忆说，有一次他去滨海路检查工程进度，才看见当时沈阳军区副司令员兼旅大警备区司令员张怀瑞将军也带领官兵们奋战在

滨海路工地上。他说，张怀瑞是老八路，也是抗美援朝的功臣啊，老资格，大军区副司令员啊。由于军地领导们的带领作用，很快滨海路通往白云山庄的道路打通了。1987年，在修建滨海路东段时又搞了一次全民义务筑路大会战。经过这两次会战，滨海路终于全线贯通。

但是滨海路中段建设到菱角湾（今北大桥）路段时出了问题。

本来过了北大桥直接就能到老虎滩，但当时附近的海军大连舰艇学院说，北大桥路段属海军管辖，是军事区域，不能修路。市长崔荣汉多次与学院协商，但都没有结果。没办法，修路时只好绕过了北大桥菱角湾路段，滨海路从学院的院内穿了过去。这就带来了不少遗留问题，最严重的就是游览滨海路的车辆在经过学院时常常受阻。

后来，沈阳军区司令员李德生来大连时，崔荣汉还请他来协调此事，找来学院的政委坐在一起谈，结果还是不欢而散。

1983年夏天，邓小平同志来大连疗养并视察工作。邓小平同志坐面包车从棒棰岛出发，走到现在北大桥的位置，了解到这里过不去。他对随行的有关军地领导说，军队一定要支持地方工作，要服从地方建设的规划，地方也要支持军队工作。路的事情虽小，一定要解决好，要方便老百姓，大连要成为中国重要的开放旅游城市，风景名胜的开发建设要进入一个新的历史阶段。

邓小平同志的一段话，解决了这一难题。于是滨海路正式打通了，原来装弹药的那个山洞仓库也被废弃了。

滨海路实际全长40公里，也有一说是32公里，由滨海北路、滨海东路、滨海中路、滨海西路4段组成，贯穿了沿海岸线的12个主要景点。

滨海北路是从海之韵广场开始，到棒棰岛宾馆结束，是整条滨海路中距离最近也是最为陡峭的一段，同时也是滨海路中开发建设最晚的一段，沿途景区有海之韵广场、十八盘、怪坡、天台日出等。此段景区称为东海公园，路两边有好多栩栩如生的海洋生物雕塑，是极佳的拍照路段。

北段还有一条林海路，虽然严格意义上讲不属于滨海路，但它与滨海路相连，同时也是一条健身徒步的最佳路线，起点是迎宾路的山盟海誓广场，终点是滨海北路，全长约4公里。林海路依山傍水，整洁寂静，也吸引了众多的徒步爱好者。

滨海东路是从棒棰岛景区开始，到老虎滩海洋公园结束。这一段是滨海路全程中最长的一段，约7公里。沿途可以看到棒棰岛景区、棒棰岛宾馆、石槽景区和老虎滩海洋公园。

滨海中路从老虎滩海洋公园开始，到傅家庄公园结束，长约5公里。这一路段是滨海路中最知名、来访人数最多的一段，沿途景区依次有北大桥、燕窝岭、秀月峰等。

滨海西路则从傅家庄公园开始，到星海广场结束，沿途景区有傅家庄公园、银沙滩、金沙滩、白云山景区、南大亭、星海广场等，这一段是滨海路全程中最短的一段，也是沙滩最美、山势最缓的一段。其中，傅家庄公园到银沙滩一带建有许多宾馆、疗养院、度假村和别墅。

这一段有时会令人感觉似乎已经融入市区，甚至会怀疑这里还是滨海路吗？不

过再走一段就会发现，还是滨海路。

在这里，真有一点儿出则奢华都市、入则园林景观的味道……

2

如果说滨海路状如仙女的一条飘带，那么沿途的棒棰岛、石槽、老虎滩、北大桥、燕窝岭、白云山等就是镶嵌在这条美丽飘带上的一颗颗闪亮的宝石。

走滨海路如果从东往西走，也可以说从北往南走，首先应该从海之韵广场起步。

海之韵广场原名东海公园，因为地处大连最东部而得名。这里原来的标志性雕塑就是海之韵雕塑。在大连众多的城市雕塑之中，海之韵雕塑有一点儿鹤立鸡群、不同凡响的感觉，因为它非常契合大连这座海滨城市的特点。

这个雕塑以5根曲率不同的白钢主管为主体，主管长19.99米，高9.9米，配以50个球体和21只飞翔的海鸥。这些数字都是有一定寓意的。巧妙的是，这些数字的意义和艺术形象结合得非常好，达到了完美的境界。

海之韵广场是大连人最重要的亲海和观日出的地方。

从海之韵广场向西走去，首先看到的是棒棰岛景区。

一个翡翠般的小岛在海上时隐时现，这就是大连著名的棒棰岛。棒棰岛面积小、名气大，很多人没来过大连，却知道大连有棒棰岛。

有的资料介绍说，大连海域有岛屿约710个。大岛屿多了去了，但是很小很小的棒棰岛却很有名。

棒棰岛名字的来历并不复杂，因离岸不远处的海面上有一小岛突兀而立，远远望去，极像农家捣衣用的一根棒槌，故称棒棰岛。其实从地质学来讲，这个小岛就是一个大的海蚀柱而已。

棒棰岛东西长410米，南北宽120米，海拔仅52.8米。全岛西高东低，南部独有一天然石洞。登临岛上，大连老市区的景色和海滨风光可尽收眼底。这个距岸仅390米的小岛，以它的神韵和风采，给人们留下了神秘的色彩和多思的梦幻，还演化出许多动人的故事、美丽的传说，例如小孩子找人参治病的故事等。

棒棰岛对岸原是一个渔村，1959年这里开始兴建东山宾馆，1960年建成，1977年宾馆改名为棒棰岛宾馆。

棒棰岛的神秘之处不在于山也不在于海，更不在于那个传说中的小岛和岛上的棒槌娃娃。人们感兴趣的是那几栋披着神秘面纱的别墅。这些别墅里面都住过哪些人物，发生过什么故事呢？

棒棰岛宾馆别墅区有9栋建筑，其建筑风格各异：1号和7号为中国民族风格和西式风格相结合，精致美观；2号和6号是船式楼，在楼的阳台观海，仿佛站在轮船的甲板上；3号系日本式风格，雅致中透露出对大自然的亲和；4号和5号完全采用中国民族风格的大屋顶、琉璃瓦；最高的楼是9号楼，是为参加会议的领导人们准备的；8号楼是大型国际会议厅和宴会厅。

在老一辈国家领导人中，刘少奇、周恩来、邓小平、董必武、叶剑英、李先念、徐向前、陈毅、华国锋、胡耀邦、万里、王震等都先后来过这里。毛主席曾经有两次要准备来大连的，但最终因为种种原因未能成行，这也是大连人的一个遗憾。

这里还接待过江泽民、胡锦涛、李鹏、朱镕基、温家宝等党和国家领导人，外国元首如金日成、西哈努克、胡志明、叶利钦等也都在此下榻过。2018年，习近平主席和朝鲜领导人金正恩也选择在这里会晤，商谈国事。

1959年，从苏联治疗回国的毛岸青来到大连棒棰岛休养，与也在这里休假的邵华一见如故，此后两人鸿雁传书，结成良缘，棒棰岛宾馆又成了红娘。

这几栋建筑都凝聚着厚重的历史痕迹，每一栋细说起来都会有很多特别的故事。它们倾诉着对已经逝去岁月的留恋和缅怀，写下感人的一个个篇章。

往事并不如烟。

1984年秋，大连开发区管委会领导安排我来棒棰岛宾馆，采访大连市长崔荣汉主持的一个回忆开发区建设历程的会议。那是我第一次到这里来，心情甚至有些紧张，因为我感觉，棒棰岛宾馆，那就是传说中的地方啊。

现在宾馆大门处有一块高2.5米、宽3.5米、厚1.8米的仿花岗岩巨型拟石，上面镌刻着"棒棰岛"三个熟悉的毛体大字。

这也是目前能够见到的唯一涉及大连的毛主席的墨宝。

我们知道，毛主席没有来过大连，那么，毛主席手书的"棒棰岛"三个字是怎样得来的呢？

原来在1965年8月24日，叶剑英元帅到大连来视察军事工作，就下榻在依山傍海、风光旖旎的棒棰岛宾馆。素有儒将雅称的叶帅凭海远眺，心潮起伏，诗兴喷涌，于是写下七律《远望》：

> 忧患元元忆逝翁，
> 红旗飘渺没遥空。
> 昏鸦三匝迷枯树，
> 回雁兼程溯旧踪。
> 赤道雕弓能射虎，
> 椰林匕首敢屠龙。
> 景升父子皆豚犬，
> 旋转还凭革命功。

诗中抒发了对世界革命形势暂时处于低潮的忧虑，更表达出相信国际共产主义事业一定会有光明前途的豪迈乐观精神。叶帅特地在诗的文尾注明，这首诗是"在大连，棒棰岛"。

毛主席曾赞"剑英善七

律",尤其欣赏气势恢宏、寓意深刻的《远望》这首诗。在1965年12月26日72岁诞辰时,毛主席欣然命笔,把这首诗抄赠给前去看望他的儿子毛岸青与儿媳邵华。毛主席的手书恣意纵横,一气呵成,大气磅礴,给人耳目一新的感觉。

1977年4月6日,毛主席手书的《远望》诗在《人民日报》公开发表。

1995年底至1996年上半年,大连棒棰岛宾馆对大门处进行整

修,建立大框门面,门梁上选用什么字呢?有人想到毛主席抄录的叶帅诗中有"棒棰岛"字样,便委托负责工程施工的建筑公司人员临摹下来,放大镶嵌上去。

可是毛主席抄录《远望》诗时没有落他自己的名字,为了让所有注意棒棰岛宾馆大门的人都知道这几个字系毛主席所写,又从别处选取毛主席题词的落款"毛泽东"三个字补缀上去。

20世纪80年代末期，大连市政府把南部海滨规划为风景名胜区，从此，棒槌岛景区的含义就不仅仅局限于碧波之中那个小岛的晨风暮雨，在总体规划上，它与广阔的大海和四面的青山紧密结合起来了，同时它也成为滨海路的一处重要节点。

　　20世纪90年代，滨海路北段建成，棒槌岛结束了只靠一条迎宾路进出与市区相通的狭窄和局促，从此无论从东南西北哪个方向，都能与周围的其他景区连接起来。

　　棒槌岛北有群山环抱，苍松翠柏，环境幽深，南有碧波万顷，礁岛风帆，一派诗情画意，形成了山海相间、统一和谐的自然环境。

　　漫步在滨海路这一线，除了棒槌岛，还能看到海上的很多小岛，如三山岛、西大连岛、东大连岛、大坨子、二坨子、三坨子、四坨子、老偏岛，等等。

　　与岛相望，会有一种奇妙的感觉，因为距离，因为神秘，因为向往。

3

滨海路南段有个白云山庄公园。

白云山庄公园的兴建首先应该归功于一位名叫龚为宁的女地质工程师,她也是发现金石滩地质景观的其中一位工程师。龚为宁学生时代特别崇拜李四光。著名地质学家李四光在大连考察时,发现白云山属罕见的莲花状地质构造,是一个"造化奇观"。龚为宁出于社会责任感,呼吁大连市有关部门能对此引起重视。

时任大连市长崔荣汉了解到此事后,特意爬上白云山山顶观察这里的地形地貌。龚为宁建议,在这里修建一座占地1平方公里的纪念公园,并在公园内为李四光塑一尊雕塑。

1983年,大连市政府决定重点建设白云山庄公园,随后兴建了大连市解放以后最大的园林水景工程——白云雁水。

大连森林动物园内的白云雁水是人们喜爱的水景,到西山顶向北俯瞰,此处仿佛一只展翅飞翔的大雁,这就是白云雁水名字的由来。

莲花状地质构造是已故著名地质学家李四光先生命名的地质景观。很多人至今不知道它在哪里,甚至有人说只有乘飞机才能看到,其实它就在我们身边。

1956年李四光先生来大连疗养期间,是在星海湾一侧的马栏河桥上发现这个地质构造的。李四光在著作中这样写道:

> 大连市西郊马栏桥东约1公里半有一名叫白云山庄的村子,围绕这个村子的东南山地,有几道新月形和环形深沟,把它周围的山地切成重重叠叠的环状山岭,每一条深沟都是垂直的环状横冲断裂面造成的。

从白云雁水再往东走，就是燕窝岭，原名鹰窝岭。

燕窝岭，是因这里时常飞来一些黑燕在悬崖峭壁上做窝、生息繁衍而得名。这里海岸地貌发展较好，张性断裂撕开后形成的岸壁如刀切过般直插海底，景观十分奇特，如鱼鳍，似石佛，又像古舟沉船，形成了礁岛多变的自然奇观。

站在燕窝岭上极目远眺，可东望老虎滩、石槽村的瑰丽风光，西观傅家庄和东、西大连岛的海天秀色。燕窝岭前的蓝涛里隐没着盛产鲍鱼的鲍鱼礁。大连著名作家邓刚笔下的海碰子们，过去就常来这里捞海参、鲍鱼。

燕窝岭的绝壁上，燕影如梭，燕声唧啾；燕窝岭的悬崖下，海水拍击着舰船般的礁石和深不可测的海蚀洞穴，浪花飞溅。这一带坡静谷幽，树木葱郁，植被繁茂，山花野草遍布岭前坡后，春花秋叶，似彩霞，如火焰，一片片，一簇簇，生满岭前沟后。

走到这里，你应该停下脚步歇息一下。沿着365级台阶上去走走，然后看看育德园的石碑、石书卷门、石屏风，或者看看那些垂钓者有哪些收获，看看附近的海崖和岸线。

当我们谈徒步时我们在谈什么

1

每年5月，大连有一个全民都可以参与的运动盛事，那就是大连国际徒步大会。

大连国际徒步大会始于2003年，举办时间为每年5月的第三个周末。徒步大会最初就是在滨海路举行的，后来又慢慢扩展到其他地区和一些场所，如东港商务区、金石滩、大黑山等。但滨海路是发源地，是原点，这是确定无疑的。

大连是我国最早开展徒步运动的城市，起步可以追溯到20世纪70年代末80年代初，经常参加徒步运动的爱好者超过百万人。徒步在大连已经成为最时尚、最深入人心、最受欢迎、选择率最高的运动，可以说，大连是一座世界性的徒步城。

2003年秋，"大连晚报·JAL杯"全国徒步登山大会暨第一届大连国际徒步大会在大连掀起了一片绿色健康的热浪。9月27日、28日，滨海路和大黑山两处人山人海，热闹非凡，众多市民和来自中国各地的徒步登山爱好者兴致勃勃地徜徉在大会设定的路线上，这是中国历史上第一次大型徒步活动。大连人和各地朋友们一道沐浴着海风和阳光，戴着同样白颜色的遮阳帽，举着小旗，快乐地行走在滨海路上。

这次徒步大会选定了两位形象大使，曾经参加珠穆朗玛峰攀登的大刘说："没有比人更高的山。"而另一位著名的徒步爱好者李新说："没有比脚更长的路。"

2006年，在德国召开的国际徒步联盟会议上，22个成员国投票，一致同意大连成为国际徒步联盟组织成员。这也是该联盟唯一一座来自中国的城市。

村上春树的《当我谈跑步时我谈些什么》一书中说："跑步是我日常生活中的一个支柱，只要跑步，我就感到快乐。"

一个大连人如果和你谈在滨海路徒步，就是在谈他的快乐，谈他的生活方式。

滨海路徒步的发展和高潮后来还得益于滨海路木栈道的修建。

滨海路还有一条堪称中国之最的木栈道，21公里长，平均宽2米。

木栈道起点为星海湾大桥，终点为海之韵公园十八盘。木栈道沿山而建，蜿蜒曲折，蔚为壮观。木板是用不锈钢螺钉固定的，危险地段设有同材质的护栏，地板和护栏都保持着原木的本色，是目前中国长度最长、连接景点最多、贯通全线的人行景观路，被称为"中国城市滨海观光第一路"。

大连景区木栈道的兴起，往前说还是源于2000年大连开发区修建童牛岭景区，那是第一次围绕盘山公路修筑了一条壮观的木栈道，从山下一直到山顶，用俄罗斯红松木材铺筑，长2000米以上，宽2.5米，并有扶栏，直到飞碟观景台。

2008年滨海路升级改造，也开始铺筑木栈道，第一期铺设9575米；2009年又开始铺设第二期木栈道15630米，并且在旭日广场新开辟了两条亲海路木栈道。第一期木栈道用的是俄罗斯樟子松木板，第二期用的是南美的巨桉木，两种材质都非常好。据说这两种木材都具有材质硬、强度大、无虫蛀、耐磨、耐腐蚀等特性，又经过防腐处理，可保30年不腐。

我们可以观察一下，看看到底哪种材质更适合作为海滨城市的

木栈道。因为潮湿的海风的腐蚀性超出了我们的想象。

此前滨海路的双向道路平均宽仅为7米，每年游客量却在500万人以上并且一直在增加，旅游旺季每天最多时有超过5800余台次车辆经过。行人与车辆都在同一车道上通行，有的地段即使有人行道，其实也就是铺设了一条很窄的水泥砖步道。也有的地段铺设了木栈道，但是不规范，也很短。

滨海路木栈道升级改造时被重新拓宽了，在靠南临海的那一侧，有的地方还特意再加宽了半曲径路。有的地段为了保护树木，会让一棵黑松在木栈道的中间"钻"出来，既保护环境又平添了趣味。

木栈道每200米设一白钢里程标志牌，游人一路走来，依山傍海，凭栏远眺，茫茫大海尽收眼底。人行木栈道建成之后，不但使步行观光的人员安全得到了保证，而且进一步突出了大连的海洋特色。

也许有人不知道，除了大连国际徒步大会、大连国际马拉松赛，实际还有一个每年一度在滨海路木栈道举办的马拉松赛事。而且，这个马拉松赛还是由民间团体发起的，也是为大连市民准备的一个赛事。滨海路马拉松分为全马42公里和半马21公里两个赛程，一般官宣会将赛事简称为"滨马"，但参加的运动员都喜欢说，要到滨海路去"跑马"。

滨海路的"跑马"活动历来是大连跑者的一次大聚会，很多人都是伴着这项活动成长和成熟起来的，而且越跑人越多，队伍越壮大。

大连市政府每年也在滨海路举办诸如徒步大会、竞走赛、越野赛、自行车赛等全民性的活动，所以滨海路有时候也很张扬，也很展扬。2008年奥运火炬在大连传递时，路线就选择了滨海路。

2

外地朋友来，领他们到星海广场是一个必选项目。这里是约定俗成的打卡地，实际也是滨海路西段的终点。

但是说起来，是先有星海公园，后有星海广场。

1909年，日本南满洲铁道株式会社兴建了星海公园，那时叫星个浦游园，建筑面积1.6公顷，有沙滩3公顷，还开辟了海水浴场。1945年大连解放以后，此地更名为星海公园，当时是大连最大的海水浴场。

"星海"一名来源于公园东南部大海深处一座两侧浑圆、向上尖尖凸起如星星的小岛（坨子岛），传说它是星星掉在海里形成的，因此就将公园命名为"星海"，其实那座岛是由于地质构造作用留在海中的石灰岩小岛。

金州古城的乡贤达人、当年奉天省长王永江曾经来过星海公园多次，并几次赋诗留念：

一

茫茫沧海逆潮流，楼橹金戈竞上游。

三十六天风力霸，四千万棹浪花浮。

岸穿蝼蚁堤将溃，水沸蛟龙帆不收。

眼看狂澜胥及溺，空余杜宇泣神州。

二

廿年乍得游星浦，四面山峦抱海溟。

山窟云如仙出岫，海潮音似佛谈经。

月光隐见随波白，树色高低夹道青。

对岸遥看名胜处，中流拳石若浮星。

从大连中西部的马栏河畔莲花山脚下到星海公园，从海边到高尔基路，这2.4平方公里的范围人们都称它为星海湾。现在，这里已经是这座城市的一张名片。但当年它却是从海带养殖场开始的。

1940年，日本人开始在星海湾进行养殖试验。他们把从日本带回来的海带孢子置入水中礁石，经过观察，确定长势非常好，从此他们开始在星海湾发展海带养殖。大连解放以后，人们又在这里养殖裙带菜、石花菜和紫菜等，这里成为旅大水产养殖总场。那时每天清晨，在星海湾这个小平原上，会有很多人把一根根的海带铺在地上晾晒，到了晚上再收起来。

后来，这里变成了临时建筑杂乱分布的一个臭海湾。其发生焕然一新的变化是从1993年开始的。

大连市政府首先利用建筑垃圾填海造地，1997年6月30日建成了驰名中外、亚洲最大的城市广场。广场面积4.5万平方米，内圆直径为199.9米，代表1999年是大连建市100周年。

　　星海广场可算是大连众多广场中最为壮观瑰丽的，它就像一颗无瑕的钻石镶嵌在大连的南部海岸线上。

　　星海广场中央原来立有汉白玉华表，是为了纪念香港回归而立的，现已改为喷泉。从广场中心南行便可到达百年城雕，这座城市雕塑的特别之处在于，它的造型是一个打开的巨大的书形状的观海平台，寓意建市百年后的大连将翻开新的一页。而且，雕塑是由大连地区的优质石材——三叠纪生成的普兰店花岗岩制作的。当年征集百年城雕方案时，很多雕塑家报上来的方案都是高大上的，都瞄准了自由女神的模式，不料最后选中的是这个书形平台。

　　通往这本大书的路有一段是由铜质的足迹浮雕铺就的。这片铜铸的脚印形状不相同，大小不一样。而且脚印排列是有规律的，就是按照年龄大小的顺序，排在第一行的是1899年出生的百岁老人的，排在最后一行的是1999年刚刚出生的婴儿的，跨越百年，不由得让人心生感慨，回味无穷。这也是当年大连庆祝建市百年活动的一个组成部分，现在它已成为大连历史的见证物之一了。

　　这段足迹浮雕共有2000个足迹，是由1000人踩出来的脚模浇铸成的浮雕。每对足迹的主人都是一个有名有姓的大连人。当年我采访大连大青金属公司时，就正逢足球教练迟尚斌和奥运冠军王军霞在那里踩脚印制模，当时感觉很新鲜，还拍摄了照片。

　　脚印的主人里有百岁老人、老红军、劳动模范、人大代表、少数民族代表、普通市民，等等。这段路仿佛在告诉人们，百年来大连人民历经磨难走到今天，幸福来之不易，他们还会继续沿着这条路走向远

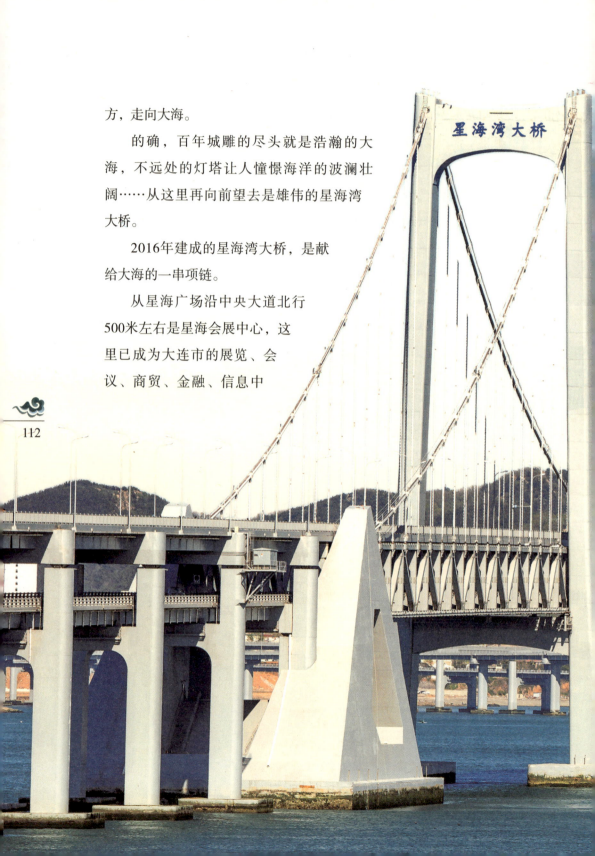

方，走向大海。

　　的确，百年城雕的尽头就是浩瀚的大海，不远处的灯塔让人憧憬海洋的波澜壮阔……从这里再向前望去是雄伟的星海湾大桥。

　　2016年建成的星海湾大桥，是献给大海的一串项链。

　　从星海广场沿中央大道北行500米左右是星海会展中心，这里已成为大连市的展览、会议、商贸、金融、信息中

星海湾大桥

心；后来又建设了二期展馆，与一期展馆遥相呼应。如果说地壳运动的大手笔造就了大连城市山海的格局，那么，大连人的大手笔则重塑了星海湾。

星海湾西部的黑石礁因海岸的黑色礁石群而得名。这些礁石是震旦纪灰质白云岩在第三纪湿润气候条件下发生岩溶形成的海岸岩溶地貌景观。黑石礁是大连城市标志之一，是大连优美自然风光的代表。

大连自然博物馆西北角的海岸石林有"桂林小盆景"之称，代表着填海前高潮线所在位置。200米宽的石芽带与岩脊滩构筑了大连黑石礁海岸的地貌奇观。

3

老虎滩常常是一般市民滨海路"徒步秀"的终点，因为它正处于滨海路的中间节点。

从滨海路东、西两端走到老虎滩，大约都要4个小时，所以一定要自己带水、带点儿小食品。我第一次走滨海路就上了当，一是以为走走就到了，没想到这么远；二是以为路两边会有人卖小食品，结果那一路走得过瘾但又累又饿。

老虎滩因西崖下有老虎洞而得名。老虎洞是一个沿着向东倾伏的背斜核部先压后张的断裂，人们就利用这一地质现象修成了老虎洞景点。

据说，留在海湾中的海蚀残丘——虎牙礁是老虎的牙齿，而老虎尾巴则被抛到了旅顺的狮子口，所以那里有老虎尾。这些自然景观其实都是地质作用形成的地质景观，例如旅顺老虎尾就是一个沙嘴，但加上想象和传说，就为老虎滩增添了几分神秘。

老虎滩最著名的还是韩美林的那尊群虎雕塑。

这一尊《迎风长啸》的群虎花岗岩雕塑已经成为老虎滩甚至是大连的一个标志，但说起来背后还真有一段故事。

1988年，是大连开发区管委会首先请韩美林来设计了一尊雕塑，就是金马大厦门前的《金马骄嘶》。这是韩美林从绘画转向雕塑的处女作，即他的第一个雕塑作品。

那一次他在开发区做了几件小雕塑：金马、铜牛、鹰，等等。此前人们只知道韩美林是一个画家也是一个作家，还没人知道他可以创作雕塑。

因为这个机缘，韩美林和大连市联系上了，因此1989年他又应邀创作了《迎风长啸》这一群虎花岗岩雕塑，一共是6只东北虎。

广州有五羊，大连有六虎。

雕塑长35.5米，高7米，600块花岗岩重达2000多吨，体量很大，一下子轰动了全国，由此韩美林从平面的绘画走向了立体的雕塑，开辟了一个新领域。

大连利用老虎滩湾这宽敞的自然条件建成了当时世界最大、中国唯一的极地海洋动物馆、海洋哺乳动物馆、珊瑚馆、鸟语林等，老虎滩已成为集游览、观赏、科普、文化于一体的主题海洋公园。它和金石滩是大连仅有的两处国家5A级旅游景区。

但是，在日本殖民统治时期，这里是日资企业"关东水产组合"的一个小渔港，还有千胜馆等餐厅和一方亭妓院。大连解放后，这里也仅仅是一个渔港，还有小渔村和一片海湾。老大连人常常来这里赶海、捞海带、捡海菜、挖蚬子，海参、鲍鱼、刺锅子有时也能碰得上。熟悉海的大连人都会提前准备好铁钩子，退潮时在海边滩涂上、礁石边忙活个把小时下来，最少也能赶个几斤黑蚬子，偶尔还能逮到螃蟹和海参之类的。

后来在这里建了疗养院，1957年才开始兴建老虎滩公园。公园很小，那时公园里最早的雕塑不是群虎，而是一座虎与美人鱼的花岗岩雕塑，据说还是鲁迅美术学院设计的，可惜现在看不到了。

整个老虎滩湾呈喇叭口形，口门南向，东岬角名为"排石"，西岬角名为"西角"，两角之间距离约1500米，纵深2500米。老虎滩湾和菱角湾、凌水湾、星海湾等都是地质运动时期留下的小海湾。这一片海湾打开了南部海岸山岭直通大海的天然屏障，为人们提供了活动、游玩的场所。

从滨海路走到大连老虎滩海洋公园，就来到了一个游乐休闲的中心。老虎滩有5个馆：极地馆、海兽馆、珊瑚馆、欢乐剧场、鸟语林，如果5个馆都看下来，估计要累得走不动了。

还有渔人码头，可以体会一下那里的异国风情。山海相依，码头上既有破旧的渔船，也有崭新的游艇，尤其有超级多的海鸥在你的头顶上飞来飞去，站在岸边就可以投喂它们。

在滨海路上看时光的变化、曲线的变化、景色的变化，从清早微曦的晨光，到中午的骄阳，再到温柔的夕阳，每时每刻，风光都不相同，会令人联想到很多很多。每一次走过滨海路，都会有新的感悟、新的联想、新的思维方式涌出来。

滨海路，是大连人的一种生活方式，也是大连人的一种生活态度。大连这座城市让人依恋或者怀念，理由可以有很多条，但滨海路肯定是其中之一。

想了解大连人吗？你必须去走走滨海路。

大黑山

一雁破溪烟，群峰近暮天。

石床犹可坐，银杏不知年。

野寺秋寒重，澄空海气鲜。

唐王渺何许，望古意茫然。

董家沟的汉墓大李家的城
登沙河粮仓满家滩的三叶虫
亮甲店的望海埚全歼倭寇
小石棚走出了少年关向应

大黑山是我们年迈的父亲啊
西海是我们温柔的母亲
我们最早的聚落家园啊
就在黑山下的金州古城
……

这是早年间老金州人喝酒时唱过的一首歌谣。
大黑山是一尊男神。

站在大连老市区隔海北望，虽然会有很多现代建筑物的隔挡，但大连湾那边的大黑山依然像平地里站起的一个铁塔汉，巍巍然矗立在大连市区的东北一隅。

在亿万年的地壳变动中，大黑山孕育出来的是独特的有质感的岩石，看见大黑山，我们能感觉到一个雄性的带有勃勃生机的生命体的脉动。

因此，大黑山不仅仅是一座山而已，更是城市文化品位的一个地理坐标，是地域特色的一个象征。其实大凡城邑之山，都凝聚着一个区域文化的精华，或深藏着庙宇道观、前贤名人的遗迹，或展示着地球变迁造成的自然奇观。

从远古以来，人们就怀着感激和敬畏的心理，对大黑山有着一种仰视的崇拜感。

> 凭轩槛以遥望兮，向北风而开襟。
> 平原远而极目兮，蔽荆山之高岑。

大连境内大大小小的山脉，说起来皆是千山余脉，根祖长白。

著名的山峰有旅顺老铁山，庄河步云山、老黑山，瓦房店老帽山，普兰店高丽城山、鸡冠山，等等。大连老市区内的小山丘陵也相当多，如绿山、大西山、鞍子岭、碴子山、南山、莲花山、燕窝岭，等等。

说来说去，大连这座城市是坐落在群山环抱之中的。

但就大连地区来说，真正意义上的山，南有老铁山，中有大黑山，北有步云山。

老铁山是哨兵和前锋，步云山是依托和后方，大黑山才是大将军的中军帐。

大家几乎公认，在大连境内并不是第一高峰的大黑山，却是大连地区的第一名山。

大黑山以绵延10余里的恢宏气势巍巍屹立，犹如一道抵御北方寒流的屏障。我们远观大黑山上裸露的石英岩，层层叠叠，又酷似一个身披盔甲的赳赳武士，守护着古城和大连市区。

用朴素的语言来说，看大黑山就感觉阳气十足。

从另一个角度讲，大黑山既是金州古城和新区的一道屏障，大连的一个"靠山"，又是辽南龙脉的一个节点。

所谓龙脉，在辽南说的就是千山余脉，它从北往南逶迤而来，一路起伏跌宕，渐行渐近到黄海岸边；也有人说是一脊三阶，其节点有步云山、老帽山、大黑山，再到老铁山……

因为龙脉所系，生气所聚，大黑山春之杏花缤纷，夏之蝉鸣低徊，秋之红叶灿烂，冬之雾雪皎洁，四时绮丽风光令人神迷。

　　因为地处节点，古往今来大黑山又一直是兵家必争之地，忽而辽东太守公孙渊，忽而高句丽部落集聚，忽而隋朝大将来护儿，忽而唐朝将军名振，忽而甲午战争之中日对抗，忽而日俄战争之洋人洋枪……千余年来，大黑山如一座大舞台，你方唱罢我登场，上

演了一幕幕悲壮的史诗大戏。

　　大黑山的历史背景幕墙是定期变换的，与之相关的历史主角人物与情节也在转变和起伏跌宕。不同时期，不同族群的人用各种不同的面具、衣饰和武器装扮着自己，带着他们的性格和命运，在舞台上交替出现，轮番表演。

　　只有大黑山是不变的，永远是那样堂皇、神秘、崇高、悠久。

大约在隋唐之后，人们开始在大黑山修建寺庙，筑城垒台，留下了观音阁、朝阳寺、点将台等诸多古迹，形成了金州古八景中的"响泉消夏""山城夕照""南阁飞云""朝阳雾雪"等著名景观。

重岩叠嶂卑沙城

1

历史上，大黑山至少影响和成就了三座城。

第一座城是高句丽的卑沙城。

404年，高句丽人占据辽东之后，在大黑山山顶修筑此城，由于地处金州地峡，因此这里是中原王朝从海上过来必经的第一关，十分险要。

卑沙城城墙的材料是石头，但是石头的材料却有血肉。一座山城是多少人的血肉筑就的？我们已经无从考证。

筑就之后，它就如同一层坚硬的铠甲。

卑沙城周长为5公里，是一个环形的山城，防守功能极强。对于侵占辽东的高句丽人来说，山城当时很像孙悟空给师傅唐僧画出的一个圆圈，圆圈里面才意味着安全可靠，跨出一步，危险即刻降临。5公里长的环状墙体就像一道臂弯，高句丽人以为，中原大军来时，他们躲在那里就安全了。

可是大唐不答应。

大唐同时也认为，高句丽人只是外族人而不是外国人，但你不

听招呼，我就修理你。

第二座城是金州古城。

很多人脑海中的金州古城，就是明朝遗留下来的那个砖城，就是老照片中那座方方正正的沧桑古城。其实金州在砖城之前还有一个土城，是1000多年前契丹人建的苏州城，周长比后来的砖城要大很多。这座土城也是明朝大将马云、叶旺渡海之后，在辽东落脚凭借的第一个根据地，后来才由金州卫指挥使韦富改造成砖城。

契丹是一支在北方大地有过辉煌历史的马背民族，在马蹄扬起的尘土中，他们给人的印象常常是那种近乎飞翔的姿态；作为游牧民族东胡的一支，契丹的历史也是源远流长。

1000多年前，契丹人的大辽王朝灭掉了女真人祖先靺鞨人和高句丽人建立的渤海国，从而改变了东北的格局。

926年，契丹人攻下了南苏城（今辽宁省抚顺市新宾满族自治县），然后强硬地将南苏城苏子河一带的靺鞨人迁至辽南，以分其势。

被驱赶的靺鞨人沿着长白山西侧南下，在这个漫长的征途中，跋涉了重重山道道河，一路风餐露宿才来到大黑山下，开始筑城，落脚安家，并把这里取名为苏州。

苏州本意，就是纪念女真人先民从渤海国南苏城的迁徙。

当然，此苏州是辽东铁马秋风的苏州，不是江南小桥流水的苏州。这个苏州的名字很短暂，也许只有一些老金州人还记得这里也曾经叫过苏州。

有人会问，辽太祖强迁渤海国靺鞨人，为什么会选择迁至当时的金州地区呢？

可以推断一下，当时的金州地区也许早就有一个古老的城池遗址，早年间或因战火或因自然灾害而废弃了，所以才会成为契丹人大规模迁徙移民的安置地。

　　契丹人为什么会选择在这里筑城？

　　首先是因为有一个地理坐标大黑山。

　　在古代没有那些现代建筑物遮挡的情况下，尤其秋冬时节，大

大黑山卑沙城走势示意图

黑山是一个巨大的地理坐标，很远很远的距离都会看得到，这一点我们现代人常常意识不到。

"左青龙，右白虎，前朱雀，后玄武"是最常用的一句堪舆学术语。而"左青龙"，就是以城中人的视角而言，放眼左前方，地势应该略高于居住处，最理想的就是左边能有一条山脉即龙脉。"右白虎"，就是右前方不能有障碍物，应该一马平川。

金州古城从坐北朝南的角度看，左是大黑山，右是金州湾西海。

第三座城是原大连开发区，即今天的金普新区。

创建大连开发区之初，在选址上曾经有四个方案，即金州龙王庙方案、湾里董家沟方案、金州全域方案和马桥子方案。

马桥子方案之所以最后能胜出，背靠大黑山，坐北朝南是其中重要因素。

中国传统的堪舆学极讲究建城选址、安家定居，要"前有照

（水），后有靠（山）"，"负阴抱阳，背山面水"，这样才稳当，才牢固，才能发展。

或许当年大连开发区就是背靠大黑山，背靠东北腹地，面向黄海，面向太平洋，所以事业生机勃勃、蒸蒸日上。

说了这三座城之后，我感觉，实际可能还有一座城——

这就是燕国的故城。

1974年，在大黑山山谷朝阳寺附近，即今天的闻香谷一带，发现了窖藏的平首方足布，一种以足部呈方形而得名的钱币。

1981年，大黑山南八里小陈家屯农民在凤凰山麓农耕时，又发现了窖藏的燕国刀币。

这两种钱币都是青铜质，其中平首方足布是广泛流通于三晋地区赵、魏、韩等国的铸币；北方燕国的后期亦铸窄小布币。

还有，日本学者三宅俊成20世纪30年代就在凤凰山和关门寨附近发现过新石器时代的遗址，发掘出石斧、石刀、石铲、石镞，等等。

所以我说，大黑山是一座有文化的山，依托大黑山筑建的城，可能不止前面的三座。

大黑山在燕国时期是否有城，现在还是一个谜。

当年秦国大军横扫辽东，此地的燕国人只好把货币藏在城郭附近，没想到，"风萧萧兮易水寒，壮士一去兮不复还"。

然而，在大黑山之中，谁知道还藏有多少秘密呢？

我相信一定会有。例如，仅高句丽人就在此经营了200多年，突然遭遇隋唐大军来袭的时候，怎么可能不把一些财富埋藏起来呢？

在凤凰谷里、舍身崖下，在仙人桥侧、滴水壶旁，都可能有一些秘密，也许某一天它们无意中会突然露出头来，让我们大吃一惊。

2

很多人都有坐飞机从外地返回大连的经历。不知你注意过没有，在临近降落时，可以透过右侧舷窗鸟瞰这座逶迤南来的山峰——大黑山。

如果再细看，还会发现大黑山南部山顶有一道断断续续的白色细线，穿行在大黑山主峰和南峰之间。

那道白色细线，就是卑沙城城墙遗址。

在大黑山山脊之上，转山梁，绕山谷，围成一个大大的圆弧形，逶迤绵延约有5公里之长，其形状如一个大大的反写的英文字母L。

这就是1600多年前高句丽人所构筑的军事城堡——卑沙城。

古代，辽南处于"三面临夷，一面滨海"的形势，一直是中原王朝

与北方少数民族部落之间龙争虎斗的古战场。所以，有卑沙城这样的防御工程并不奇怪。卑沙城凝聚着我国古代少数民族的坚强意志和聪明智慧，也彰显着辽南深厚的历史底蕴。

此城又是高句丽诸多山城中见诸史书记载最多的一个。

"卑沙"是一个很古怪的名字，据说是高句丽语的音译，卑沙城又称沙卑城、毕奢城、卑奢城，到现代统一称为大黑山山城。在大黑山南峰西侧的山脚下，现在仍有一座1963年由旅大市人民政府竖立的刻有"大黑山山城"字样的文物碑。

史料记载，高句丽在辽东各地开始陆续修建山城是从东晋十六国以来至隋唐以前，他们在辽东共建了几十座山城。一座山城即为一个行政建置单位，既是军事据点，又是经济、政治中心，高句丽人平时在山下耕种，战事爆发时则进山城守卫打仗。

在这些山城中，坐落于大黑山南峰山脊的卑沙城是一个中心，尽管现存的山城已部分倾颓，但当年壁垒森严的景象依稀可见。

3

松岚村是大黑山东南麓山脚下的一个小村庄，隶属于金普新区湾里街道，过去以盛产大樱桃而远近闻名。

如果你想拜访卑沙城遗址，从松岚村上山是最便捷的一条路。

松岚村北有一条小路，必须沿着几近60°的山梁爬上去，当你气喘吁吁地就要爬到山顶时，猛抬头，会看见一道巨大的石墙横亘前方。绕过这道石墙，能找到一处坍塌的豁口，从这里爬上残破的墙体，你就站在卑沙城城墙上了。

这处石墙后来非常可能就是明代的一处烽火台所在，因为《辽東志》上就有"大黑山墩"的记载。

在大黑山南峰的最高点，脚下的石墙呈90°转弯。向西看，石墙顺着南峰山脊迤逦向下，走到了一个低谷，然后又向上曲曲折折延伸，出现在那条连接着南峰和主峰的山梁上，最后逐渐隐入大黑山主峰下面的绝壁。此时此刻，一座雄浑险峻的古城轮廓就出现在你的视野之中。

伴随着卑沙城城墙，如影随形的还有一条茅草小路，这是喜欢爬山的驴友们踩踏出来的。一路上城墙外侧都是坚硬嶙峋的山岩和一人多高的茅草，沿这条路能一直走到大黑山电视塔主峰。

沿着卑沙城城墙一路走来，会发现城墙都是就地取材的，是高句丽人用大黑山上的石块经过简单敲打后，沿着山脊南侧垒筑而成的，再向主峰蔓延。所用的都是青灰色的石英变质岩石块，有的大石块甚至重达数吨，城墙总体宽度约为3.3米，高度在3米至5米。

我在日本学者三宅俊成《在满二十六年》一书中看到过一张大黑山的老照片。看那张照片，当时的卑沙城城墙还是很高的，而且有一定规模，可惜现在我们看到的已经不是那样子了。

民国东北史领域有一个厉害的专家叫金毓黻，他是辽阳人。金毓黻先生曾考证说，大黑山卑沙城城墙巨石上有安辘杆之穴痕，这说明高句丽人是运用杠杆原理，用辘杆把巨石滑上山来筑城的。

辘杆采用的就是像过去农村摇把子水井的那种辘辘原理。

从现代战争角度来说，这座城自然已经起不到什么防御作用了，但在使用弓箭刀斧的冷兵器时代，这是一个非常易守难攻的战略要冲。高句丽王国起自于山区，一直善于在山上修建营寨，加之山中有终年不断的水源，再存储一些粮食，一旦有敌军进攻，周边的军民便可退入山城坚守。

谁知道卑沙城曾经出现过多少志士豪杰，演出过多么威武壮烈的史剧。关门寨的千古雄关虽说早已崩城败壁、空谷千年，但其遗址却是一份闪光的文化遗产，令人追慕和怀念。

隋唐大军海上来

1

战争曾经像潮水一样在辽南、在金州这块土地上漫过来又漫过去。等到白衣飘飘形象鲜明的高句丽人出场时，已经是404年。

与众不同的是，高句丽人是在大黑山山顶之上建了一座城。

柳诒徵《中国文化史》一书曾记载：

《说文》曰："城，所以盛民也。"是城之为制，必周匝而无所缺。然至战国时之城，则有二式。一则都邑之城，仍为周匝之式；一则边境之城，变为广长之式，或缺其一面，或空其三面，不必周匝如环。盖其城纯为对外而设。

高句丽的卑沙城应该属于第二种，是那种接近于长城式的城，现在爬大黑山的一些驴友也常常称呼卑沙城是"野长城"。

高句丽的山城就是这种巨大而坚固的。他们选择三面高山峭壁来围绕，这使山城具有了军事上的实用性，居高临下，易守难攻，而且还具有浓郁的类似欧洲中世纪城堡的特点。

除了大黑山的卑沙城，当时大连地区共有15座山城，其中的另三座高句丽山城也非常有名，它们与大黑山卑沙城并列，成为高句丽辽南防线的"四大金刚"，这"四大金刚"的级别要高于其他的山城。

一是普兰店区星台街道葡萄沟村巍霸山上的巍霸山城，又名吴姑城。

一是瓦房店市西北龙潭山上的龙潭山城，又名得利赢城、得利寺山城。

一是庄河市城山镇沙河村的城山山城，与隔夹河相对的夹河山城是一对姊妹城。

　　我在实地考察了这四座山城之后发现，竟然唯有大黑山卑沙城是最为简陋和粗糙的，也最不像一座城。

　　城山山城、巍霸山城和得利寺山城都可以找得到非常古老的一段段当年的残墙。看那残墙，石块是打磨后布满苔藓的，表面是呈黑灰色而又光滑的，有那种历尽沧桑的感觉。例如在巍霸山城中就有一段几乎达9米高的老墙，那石块暗黑而又发亮。

　　同时，那三座山城中还可以看得见诸如马面、城外城、紫禁城、梳妆楼、蓄水池、瞭望台等建筑遗址，尽管有一些是后人修葺的，而且修得"惨不忍睹"。

　　卑沙城残墙现在堆砌的石块毛糙粗粝，就是俗称的"蛮石"，一看就是没有经过更多的加工打磨，很多地段就是一道城墙基础，遑论完整的雉堞、垛口、马面、关隘。

　　按理说，卑沙城是镇守辽南的第一关，在《资治通鉴》《新唐书》《旧唐书》中都有对卑沙城的记载。而且高句丽人经营辽东200

多年，怎么还会有这样的仓促行为呢？

原因只有一个，即征东的隋唐大军把它刻意毁坏了，而且是毁坏得很彻底的。

史书记载，隋朝大将来护儿攻破过卑沙城，30多年后，唐朝大将张亮和程名振又再次攻陷了卑沙城。来护儿为了防止高句丽人卷土重来，把它彻底摧毁是完全有可能的。30多年后张亮攻破的卑沙城也许就是后来高句丽人仓促间重新建筑的。

现在我们看到的，也许是第二次仓促间筑起的城墙又经过战争和岁月的风剥雨蚀而留下的遗址。

隋唐大军海上征东，卑沙城是必经之地。其余的三座山城从地理位置来说，虽然也属要冲关隘，有的可能没打到那里，有的可能就是匆匆掠过而已，在战争中的毁坏程度和卑沙城还比不了。

如果说到证据，那就是在大黑山残存的城墙墙体最南端有一段每隔1米左右就会看见的一个方形穴坑，这是过去战争时高句丽人竖立木栅所留的遗迹。也就是说，这段城墙当时没来得及用石块砌到顶，战争就爆发了，于是匆忙间他们临时修筑了一道高高的木栅，以抵御外来强敌的进攻。换句话说，把这段卑沙城叫作"卑沙寨"，也许更准

确、更合适。

这道木栅肯定是在来护儿毁坏城体后第二次占领大黑山时匆忙修筑的作品，否则经营了辽东200多年而卑沙城的一段还在用木栅就说不过去了。

大黑山北坡，现在还有一个叫背阴寨的地方，东部还有一个王官寨，还有一个高城山。这些寨和城的地名，是否是从当年的"寨"延续下来的呢？

2

隋唐两代，中原王朝前后10次东征高句丽。

隋大业十年（614年）夏，隋炀帝率军第三次东征高句丽，而水路大军统帅就是来护儿。

来护儿指挥的隋军是从山东登莱上船的。那是一种高大的楼船，楼船乘风破浪，渡过渤海海峡，在都里镇（旅顺口）登陆后，大军先取下了牧羊城，然后便浩浩荡荡杀向大黑山的卑沙城。

此一战隋军斩获高句丽军千余首级，卑沙城被攻破。

于是高句丽王不得不派使者前来议和。

但是，获胜的来护儿主张"宜将剩勇追穷寇"，他要直捣高句丽首府平壤，以完成隋军前两次征东的未竟之业，以绝辽东后患。

隋炀帝却不这样想。他见高句丽派使者来上表降服，已觉得挽回两败之辱，有了面子。更主要的原因是国内农民起义烽烟四起，瓦岗寨等义军已成气候，统治根基不牢，他心中忧虑，于是传令召来护儿从辽东速速撤军。

这一段历史在《隋书·来护儿传》中有记载：

十年，又帅师渡海，至卑奢城，高丽举国来战。护儿大破之，斩首千余级，将趣平壤，高元震惧，遣使执叛臣斛斯政，诣辽东城下，上表请降。帝许之，遣人持节诏护儿旋师。

来护儿"不肯奉诏"，"诸将惧，尽劝还，方始奉诏"。

而隋军撤退之后，高句丽王并没入朝来跪拜在隋炀帝面前，而且卑沙城旋即又被高句丽人占领，重新构筑来护儿已毁坏的城垣。隋朝开疆拓土的大业就这样功败垂成。

近代，人们曾在长海县广鹿岛发现过隋制的五铢钱，即一种外形圆、中间有方孔的铜钱。据考，很可能就是来护儿率水师征东时所遗。

而当年在金州大孤山乡、湾里乡、董家沟镇等地，老百姓农耕时无意中常常会挖出那种"高丽罐"，那是高句丽人的墓葬形式，有的罐里还会有簪子等小饰品。

31年之后，即唐贞观十九年（645年）4月，唐太宗李世民任命刑部尚书张亮为平壤道行军大总管，走莱州海路；任命兵部尚书李勣为辽东道行军大总管，走辽西陆路，两翼齐发，直取辽东。

海路张亮率江南、淮河、岭南、三峡等地水军人马共4万人，自山东东莱启航，500艘大船载着大唐将士，渡过波涛汹涌的渤海海峡，在都里镇登陆上岸之后，张亮命副总管程名振与王文度两人为开路先锋，向大黑山卑沙城进发。

古人征战，先锋必为勇武善战之将。先锋又好比刀尖，必须能狠狠地扎向敌人。而程、王二人皆是唐初名将，勇武非常，锐气十足。

两人到大黑山下一看地势，这卑沙城着实是易守难攻，不说三面绝壁，就是这唯一可行的凤凰谷上山之路，亦是险峻陡峭，道路狭窄。唐军迂回曲折好不容易才深入谷中，却遇峡谷中的锁钥之处——关门寨隘口。这里密密层层的栎、槐、榆、松和灌木像一道绿色屏风，将关门寨口遮挡起来。穿过密林，映入眼帘的就是高耸入云的悬崖峭壁，即现在的"一线天"，军士刚一接近即被滚木礌石击退。

程名振与王文度商定，决定三面佯攻，而以凤凰谷这条路线作为主攻方向。

一声令下，唐军将士即以迅猛之势直扑关门寨，同时卑沙城其他三面的佯攻也开始打响。

虽然将士用命，悍勇无比，然而高句丽人有上一次来护儿攻城时的教训，早就做好了守城准备，储存了大量粮食物资，顽强抵

抗。唐军用投石机、床弩奋力攻城，高句丽则用弓箭、滚木、礌石劈头砸下，一时间大黑山杀声震天。

地形地势对唐军不利，屡攻不下，程名振不得不鸣金收兵，择日再战。

程名振心中隐忧，必须尽快拿下这小小的关门寨。既然强攻不奏效，那么便只能智取了。

如何智取？他眼睛一亮，想起一计。

据说，高句丽国始祖朱蒙的爷爷叫解夫娄，解夫娄建东扶馀之后，在湖边大石下捡到一个看上去像青蛙似的金色孩子，便给孩子取名金蛙，立为王子。公元前48年，解夫娄让位给金蛙王。而金蛙王后遇柳花夫人，卵生朱蒙。这位金蛙王既是朱蒙父亲，又具有传奇色彩，高句丽人对其异常信仰敬重。

史书记载，是程名振用金蛙王显灵之计骗开了关门寨。

如今推测，也许是程名振派人抓了不少青蛙，然后夜晚投放到关门寨前，天黑风高，蛙声齐鸣，引起守城高句丽兵士恐慌，以为金蛙王显灵，在摸不着头脑的情况下不得不打开城门察看。

于是，隐藏在暗处的唐军副将王文度一声怒吼，率将士们一拥而上，拿下了久攻不下的关门寨。

总之，这一战程名振打得十分漂亮。不仅俘虏了卑沙城高句丽8000名军民，更重要的是取得了辽东的控制权。

继来护儿大破卑沙城之后，关门寨的历史又为一位英雄留下了浓墨重彩的一笔，他就是唐朝名将程名振。

程名振跟随李世民征战江山，令其声名最盛的即是东征高句丽之役。

现在辽东的老百姓中还流传着许多关于唐朝征东的故事，讲起来主角往往都是唐太宗、李勣、尉迟敬德、白袍小将薛仁贵等人，实际上真正建功立业的是张亮和程名振。

3

程名振当年率唐军走的是大黑山西南坡千余米长的一条峡谷。峡谷呈东西走向，因谷口西端是大黑山系的小山叫凤凰山，因此峡谷又被称为凤凰谷。

此谷谷坡陡峻，深度大于宽度。如今，凡到此地的游客无不为峡谷的奇崛壮美而赞叹不已。尤其是峡谷中关门寨口中部的鹞子口段，将大黑山的雄伟险要、神奇迷离的"万种风情"表现得淋漓尽致。

1996年春的一个周末，我曾经领着10余名报社的年轻同事去爬大黑山。那时我刚到大连不久，对大黑山完全不熟悉，误打误撞走的就是这条凤凰谷到山顶石鼓寺的小路。

第一次爬大黑山完全凭感觉，我们看到踩出的羊肠小路就跟进。有的地段是郁郁葱葱的柞树、榆树，间或有一些黑松，有的地段是一人高的野草、灌木丛和芦苇，时不时树林子、草棵子里还会扑啦啦、扑啦啦飞出一只大鸟或嗖的一声蹿出一只野兔，让爬山队伍里的人一惊一乍，充满刺激。

有的地段很险峻，全是陡峭的岩石，必须手脚并用才能爬上去。当时我们就很紧张，但走到中途又不能后退，于是手拉手一个拽一个才上去。记得在几处险要路段，女同事们都曾吓得大声尖叫。上去之后发现，山顶竟然有一古寺，有些破败的庙门紧闭着，附近还有部队营房，年轻战士们出出进进。

后来知道这就是关门寨到石鼓寺（唐王殿）的路线，现在这条路线早已修了石板路和1300级石阶，如今已成了大黑山最热门的一条爬山路线，只不过沿途有了人工的亭台点缀，却少了惊险刺激和野趣意味。而山上的石鼓寺也修葺一新，新鲜得让人感觉像是一个道具，却是不像古寺了。

这条路从谷口而进约行1公里则走至峡谷深处，在一转弯的地段，你会突然见到一石砌城门拦住谷口。向上看，城门洞上是启功先生题写的"关门寨"三个大字。这里就是凤凰谷最险要的地方，石砌城门虽为近年复建，仍不失当年的锁钥之险。因为山谷在这里骤然收口，两侧峭壁陡立，如斧劈刀削，再加上密密层层的麻栎、槐树和老榆树，真像一道绿色的屏风，将关门寨口遮挡了起来。

当年唐军进攻卑沙城，首先就是在这里受阻。后人到此看了关门寨的险要，也不得不暗暗赞叹，的确是"一夫当关，万夫莫开"。

走过关门寨，就到了十八盘。

走进十八盘，在半山腰处，你如果回头看对面山崖，就会看到著名的"天兵天将"景观，感觉好像天兵天将突然从天而降，你一下子陷入了包围圈中。原来这又是一处天然形成的奇特地貌——砂岩石芽。

当然，这个地质名词有些生涩，但是我告诉你，张家界的自然景观就有砂岩石芽，它们是异曲同工的。

石英砂岩发育了两组相互垂直的节理裂隙，经风吹日晒、冰冻雨淋，山体沿着薄弱部位渐渐风化崩塌，于是形成了一根根大小不一、错落有致的小石柱。它们层次分明，形状不一，远远望去像是一排排古代武士组成的巨型方阵……

这天兵天将的景象在秋冬季节观赏最好，因为草木凋谢了，可以把象形石完全展露出来，获得最佳效果。

　　走过那片"天兵天将"之后，正前方右侧的崖壁上还有一片象形石，整个石壁就像是一块块切好的豆腐块摆放在一起，切面非常光滑整齐，真如同刀切一样。老百姓形象地把它称为"麻将牌"。

　　这一处奇异的地貌，是棋盘格式节理。而这里一大片的山岩，所有的巨石几乎都是方方正正的大石块，仿佛被人工切割过又叠放在一起似的。

　　地质学家介绍说，这是受约2亿年前的印支-燕山运动的影响，石英岩中发育了两组近东西向和近南北向的垂直相交的节理裂隙，因此才将岩石切割成均匀的岩体，在岩壁上构成棋盘格的形状，看上去真像棋盘的格子那样均匀。

　　大黑山的这些象形石在中国北方是不多见的，因为这些象形石

的形成至少需要三个条件：一是岩层为水平岩层；二是岩石为厚层石英岩；三是石英岩又具有"X"形的剪节理。

我们都知道，石英岩非常坚硬，抗风化能力强，因而石头的棱角不易风化。但是由于剪切作用，靠近"X"形的剪节理的部分风化速度快，便产生沿着节理和断层的垂直向下的崩塌，最终形成了大黑山上以"天兵天将""麻将牌"为代表的形状特殊的象形石。

"天兵天将"和"麻将牌"都是北方的小石林，在这里可以感受到大自然的鬼斧神工。

此处十八盘也并非真的转了十八个弯，而是形容这里地势异常险峻曲折。过去这条山路没铺设石阶和护栏时，攀登非常危险，游人多不愿冒此风险。如今有了修葺的石阶，险要处并已安装部分铁栏杆，但在这段路上攀登，仍有很多人不敢回首俯视，因为脚下就是万丈深渊。曾有人这样形容十八盘的情景：

猿猴畏登十八盘，悬崖过后绝壁拦。

深谷万丈临足下，一盘过后一层天。

登上十八盘之后，就是石鼓寺的南门，也就进入了大黑山山城的腹地。

山城夕照石鼓寺

1

建于大黑山山顶的石鼓寺传说始于唐初，在唐王征东之后就有了，原名唐王殿。

所谓"殿"，古时就是指用来供奉神佛或帝王受朝理政的高大房屋而已。唐王殿估计是唐王征东之后当地百姓怀念唐王所建。那时在唐王殿里还有一佛堂，即后来石鼓寺的起源。

唐王殿初创历史已不可考。到了乾隆五十年（1785年），金州古城城西小磨子屯的汉军正黄旗人鞠行全（一作鞠朝桢）从千山学道归来，驻锡于唐王殿，看见这里荒废，于是开始募化重修，很快使这个道观焕然一新，开创了全真道场。大概从这时开始，唐王殿才变成一个道观。这个鞠行全非常有道行，据说曾经在金州西海为老百姓祈雨，作法三日，大雨瓢泼如注。

鞠行全又逐渐整顿出唐王殿附近的饮马湾、扳倒井、滴水壶、点将台、养病床等诸多与唐王有关的景点去处，现在这些都是大黑山的名胜了，由此他也成为唐王殿的一位中兴之祖。

鞠行全之后，唐王殿发生过一次火灾，"墙屋倾颓，神像剥损"。这样又到了嘉庆十七年（1812年），金州城里的一位生意人韩希顺来到唐王殿侍奉香火，开始建寺宇、山门、殿屋，到了道光九年（1829年），他的弟弟韩希德也来了。二人初来时都是各带银200两，继兄弟俩之后又陆续有人来捐献银两修建此庙，于是才有了

唐王殿后来的样子。

　　这个韩希顺，是后来伪满洲国经济部大臣韩云阶的六世高祖。

　　1932年，金州人韩云阶投靠日本人，因为劝降在齐齐哈尔江桥抗战的马占山有功而当上了伪满洲国黑龙江省长。1934年，韩云阶因为贪腐被伪满洲国免职了。

韩云阶赋闲后回到金州老家的会馆，心情郁闷，不知为什么突然想起应该去祭拜一下先祖，正巧他在黑龙江任职时的两个朋友来看望他，于是和他们一起去了大黑山石鼓寺。

　　这两位朋友都不简单，其一于驷兴当过清末黑龙江将军和黑龙江省都督的幕僚，而且于驷兴自己也当过黑龙江省代理省长；其二

张朝墉曾在黑龙江将军幕府主管屯垦事务，又是著名诗人。

　　韩云阶约请两位朋友一起登上了大黑山石鼓寺，韩云阶为先祖立了一块新碑，即"大赫山韩氏先德修建石鼓寺碑"，此碑就由于驷兴撰文，张朝墉书丹。这块汉白玉的石碑原来立在山门前，几次重修之后又迁移到院落里。碑阳是一篇很棒的文字：

……黑龙江省长韩尹云阶，挂冠归里，登览斯寺，见旧碑渐灭殆尽，文字几不可辨，怅然忧之……云阶乞记于予，记矣。后缀以詋，詋曰：

金州诸山，大赫为宗。山既崼屴，寺尤幽邃。创建何人，韩氏先德。兄先弟后，经营不息。窣堵波高，上矗青霄。水木明瑟，云海涵包。石鼓不存，古迹犹识。春秋佳日，游人如织。云阶贤者，先泽不忘。丰碑屹立，以昭茫茫。

碑文既成，作为著名诗人的张朝墉岂能落后，他写了两首诗，一首五律是刻在碑阴的：

一雁破溪烟，群峰近暮天。
石床犹可坐，银杏不知年。
野寺秋寒重，澄空海气鲜。
唐王渺何许，望古意茫然。

还有一首七绝：

秋老霜寒槀辇衰，衔芦渡海雁初来。
贞观古迹无人识，夕照犹红点将台。

韩云阶在大黑山石鼓寺树的这块碑成为大黑山的一处重要文物，我们因为碑文才可以得知唐王殿的演变历史。

我们在大黑山寺院里能读到很多流传下来的古体诗，每个读者的经历阅历感受不同，评判标准也不同，但对这首五律，我相信还是会有共识的。

当年韩希顺在石鼓寺曾经手植两棵树，一是银杏，一是棠梨。如今棠梨已死，而银杏森严，浓荫蔽日，深秋一地金黄。但就是这棵银杏，前些年很多资料都记载树龄为三四百年，根据韩希顺重修庙宇的时间推算还算靠谱。可近几年，这棵银杏摇身一变成了"千年神树"。

据日本学者八木奘三郎的文章介绍，早年的石鼓寺是这样的："石鼓寺里，现在只住着喇嘛，没有住持，据说到前年为止，这里还长期居住过一个汉族僧侣，既有旧军职，又富有学识魄力。"

可惜只有这简单的一点儿记录。

2

从唐王殿到石鼓寺，演变的时间点已经说不清了。石鼓寺的起源是过去这里曾有圆石两块，敲击其声如鼓，故名石鼓寺。

2006年，有关部门将唐王殿和石鼓寺剥离，石鼓寺由佛教管理，唐王殿在关门寨谷底重建道观，恢复为道教的活动场所。但石鼓寺中仍留有供奉李世民塑像的唐王殿一间。

石鼓寺位于大黑山中峰南腹，背负大黑山主峰，南临关门寨口山谷，东与第二高峰相望，西与点将台相邻，居卑沙城中，是大黑山几座庙宇中海拔最高的。这里林木郁翠，庙宇庄严，爬山人常常从对面山峰望过来，中间隔着凤凰谷，感觉这里真的是个幽静神奇的世外桃源。

南院西侧，有一张传说是唐王养病的床。所谓"床"，实则是块光滑的长方形黑褐色巨石，宽1米许，长2米余。过去原本有两张石床，其中一张在"文革"中被毁坏了，现仅存此张。

唐王殿是石鼓寺的主要建筑，因为是为纪念唐太宗而建，所以该庙宇参考了皇宫建筑形式，为歇山式结构，黑瓦红墙，四角飞檐，从外表上就给人以富丽堂皇之感，从而增添了它的气势。

大殿内部结构颇似金銮殿，"贞观宏图"的巨匾高悬在大殿北面的墙壁之上，唐太宗李世民威严地高坐龙椅，他左有魏徵，右有徐懋功相侍。左厢上首站立着开国元勋尉迟敬德将军，浓眉豹眼，威武剽悍，杀气腾腾，让人望而生畏。下首为另一开国功臣李靖，剑眉入鬓，柔中带刚，一派文韬武略的形象。右厢上首是白衣骁将薛仁贵，盔明甲亮，银光闪闪的护心镜格外醒目，右手握拳抬至胸前，清秀中透着一种打遍天下无敌手的霸气，给人以常胜将军之感。下首为平壤道行军大总管张亮（卑沙城之战就是由他任总指挥），只见他盔甲护身，二目如电，也是位久经沙场的战将。

唐王殿附近还有一口神奇的井——扳倒井。扳倒井在滴水壶西南方

的半山腰中，井处海拔300米，岩石结构，非人工所砌，直径约1米，深近2米，由于水面以上的东半圈井壁被"扳倒"，故称"扳倒井"。

传说唐太宗李世民率兵征东，千军万马会聚此处，从井里提水给将士们喝，问题不大，但战马饮水量大，靠提水非常浪费时间，于是，尉迟敬德运神力将井壁的一部分扳倒，使战马毫不费力地就可以直接喝到井水。

扳倒井虽然貌不惊人，但它的神奇在于，一是严冬季节，扳倒井却热气腾腾，从不结冰；二是无论旱情多么严重，井水从不见少；三是经好事者跟踪调查，常年饮用该井水的男士们多有儿，少有女。

唐王殿西约100米有一道山脊，南北走向，呈长方形，这里地势极为平坦，又有青草铺地，就像是足球场地一样，面积近万平方米。在它的南端，有一面积大约100平方米的现代建筑高台，相传这里曾经是唐太宗李世民的点将台。

虽然是后人仿建，今天登临此台，云雾山中，飘然若仙，遥想当年，泱泱大唐，所向披靡，令人感慨万千，也仿佛仍能看到当年刀光剑影、战马嘶鸣的壮观场面。

如在傍晚登点将台看夕阳西下，将是人生一大乐事，自古传颂的金州古八景之首——"山城夕照"在此才能领略到。太阳西下，红霞遍布，看山城，山城轮廓更加分明，群山树木披上红装；看峡谷，峡谷更加神秘幽静。远望田野，炊烟袅袅，路人匆匆，紧张中蕴含着宁静；遥望大海，金光闪烁，归帆点点。

金州清末文人郑有仁为"山城夕照"写过唐多令一首：

大好黑山城，卑沙旧有名。对斜阳，一抹霞横。
返照殷红煊碧草，城下路，认分明。

驱犊画中行，飞鸦石树争。照残些，宫殿唐营。

石堞于今犹好在，刚豁眼，暮烟平。

3

大黑山原有两座古刹、两座道观，大黑山附近的老百姓却不太计较它们的清规戒律有何差别，感觉神仙菩萨都差不多，不妨挤在一处好了，何必分佛家道家。所以响水观也曾叫响水寺，观音阁也曾叫胜水寺，唐王殿也曾叫石鼓寺。

自古以来，文人雅士来到辽南游历，登大黑山已成风尚，他们留下了诗词、游记等在坊间流传。

例如说到大黑山响水观，很多人马上就会想起康有为先生的一首七绝：

金州城外百果美，瑶琴洞内三里深。

遥记唐王曾驻跸，犹留遗殿耐人寻。

大连各种文学选本凡说到大黑山，都会选这首诗，不是因为诗写得好，而是诗人名气大。我相信康有为先生若编自选集，这首诗一定不会入选，因为它就是"呵呵"而已，打油而已。

1925年农历八月初，68岁的康有为应大连华商公议会会长李子明邀请，从青岛来连举办书法展。这期间，关东州公学堂南金书院院长岩间德也参加了康有为的讲演会，于是他邀请康有为到金州来参加孔庙即文庙的丁祭。

当年康有为的演讲是在大连今胜利桥北的大每馆（每日新闻

社），演讲时座无虚席，而听众中日本人又多于中国人。

康有为欣然答应了岩间德也的邀请。金州孔庙丁祭一般是在农历八月初十，也有记载说康有为来金州那天是八月初三。那天康有为乘火车到金州，一大早就到孔庙参加了场面盛大的丁祭，陪同参加丁祭的还有金州会会长曹世科、孝廉阎宝琛和毕宗武、孙宝田等人。

丁祭后，康有为来到东门外的南金书院参观并用午餐。南金书院接待的规格比较高，金州的头面人物也都到了。这种情况下，康有为自然要答谢和表示一下，于是席间他为岩间德也赋诗一首：

> 中华礼失托殊方，躬逢金州祭典煌。
> 俎豆庄严容肃肃，笙歌和雅乐锵锵。
> 血气尊亲于此见，神明教化岂能亡。
> 便作东方君子国，舟通日照大国扬。

此诗当时的款署是"乙丑八月三日道出金州躬逢释奠，敬赋"。

落款钤的印章是方形篆书阳文："维新百日，出亡十六年，三周大地，游遍四洲，经三十一国，行六十万里。"共27个字，看此印章也确实了得。

诗中的"中华礼失托殊方"，换作别人早被骂作汉奸了，但康有为是戊戌变法的领袖，于是很多人就故意不提这首诗，仿佛他没写过，大连的各种诗选从来都是选康有为的"金州城外百果美"而不选这一首。

在南金书院饮酒赋诗之后，也许还有时间，于是岩间德也和金州的名士乡绅都陪同康有为乘车又到响水观游览。

响水观道长张永祥也非等闲之辈，陪同康有为看了石洞、泡桐、山茱萸，游览一圈回到茶室落座，那边厢笔墨纸砚就准备好了。康有为这种场面见得多了，岂能丢范儿，于是大笔一挥，有了这首《游响水观题壁》。

158

道长张永祥赶忙行礼，连连口称谢康圣人。

4

1925年除了康有为先生来响水观赋诗一首，那一年的春天，响水观还有一场更盛大的诗会，可惜因为种种原因后人知之甚少。

那时刚刚兴起的大连有一大批来自天南海北的青年才俊，初到这座城市自然有一种情怀和感慨，于是由安徽人、大连泰东日报社编辑长傅立鱼发起组织了一个嘤鸣诗社。

为什么叫嘤鸣诗社呢？

是取《诗经·小雅·伐木》中"嘤其鸣矣，求其友声"之意，喻朋友间同气相求、相互提携而结诗社。

嚶鸣诗社十分活跃，1926年他们结集出版了《嚶鸣社诗钞》，这是两册铅印的线装本，原版现存于美国哈佛大学图书馆。

嚶鸣诗社第二次举行诗宴的那天是1925年5月17日，诗宴之前自然是参观响水观。

听张道长讲瑶琴洞的传说是必不可少的，还有欣赏瑶琴洞洞口顶部的那棵山茱萸。这大黑山唯一的山茱萸原产于朝鲜，系飞鸟携种而来，在此福地生根发芽，一枝独秀，茁壮生长。

然后看观内两块刻有篆字"逍遥矶"及"仙游床"的方形巨石，以及传说中的马蹄井和放生池等美景。

关于文人吟咏响水观的诗作，在很多资料上都看得到。但嚶鸣诗社组织的那一次以响水观为主题的诗会，虽然留下了不少佳作，流传于世的极少，因此在此附录几首：

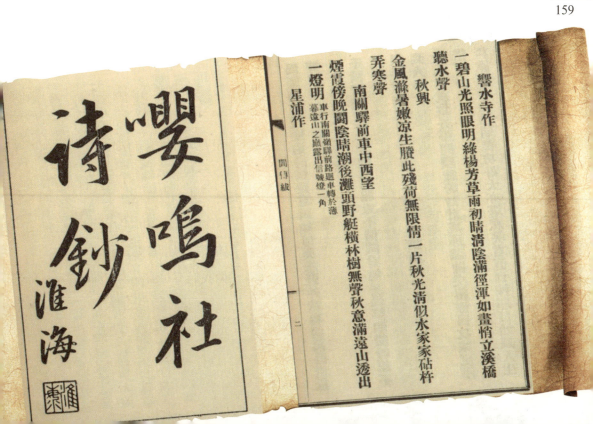

慧泉曾在虎跑煎，十四年来又一泉。

路向金州城外过，云从石鼓寺中连。

煮成佳茗偏多味，看到名花更有缘。

竟日淙淙声不绝，瑶琴似听大罗天。

这首诗作者是黄广，大连中华青年会干事，浙江人。

翠霭凝空不可攀，通幽端赖画桥弯。

寺名何待山僧说，凭瀑投溪响溅溅。

这首是大连中华青年会副会长杨凤鸣所作，那时他是满铁大连医院医师，后来是大连岐山医院创始人，也是大连地区西医开创者之一。

160

一碧山光照眼明，绿杨芳草雨初晴。

清阴满径浑如画，悄立溪桥听水声。

这首诗作者是阎传绂，时任南满洲铁道株式会社职员。

平淡的生活不能没有诗，虽然格律诗现在被"老干部体"拖累得日渐式微，但我们不妨读一读古城先贤们写过的关于大黑山响水观的诗，穿越时空到近百年前的响水观，也算是进行一次去远方的艰难跋涉吧。

响水观随山势而建，山门为歇山式二层砖砌飞檐，配以红色垣墙，居高而立，非常壮观，目前是大黑山诸多古寺庙中最负盛名的庙宇。

响水观内分南、北两院。进山门即到南院，核心建筑物——后土殿正对着山门，殿内有四位护法神——神荼、郁垒、王灵官、都土地。大殿左侧有一孔约50米深的天然石洞——瑶琴洞。洞内山泉自石罅中涌出，泠泠悦耳之声酷似瑶琴。泉水由洞内流出，经洗茶池流至山门外，由绿龙口飞泻而下，一巨蟾蹲在龙头下面张口承接清泉水，哗哗溅水之声传播极远，响水观由此得名。

说到响水观，值得一提的是近代金州古琴音乐的重要奠基人，也是清末大黑山响水观的一位道长，叫杜教仁。

杜教仁字清逸，号琴道人，原来是金州杏树屯望海寺人。他早年出家于金州城内的城隍庙，清同治年间云游至山东云蒙山白云岩，跟从清虚观住持朱本裕道长学习古琴。

杜教仁在白云岩从朱本裕学道多年，练得一手精湛的琴艺，后来又在崂山修道，收集整理了大量散见于山东地区的琴曲。杜教仁晚年回家乡传道，来到大黑山时，立即被这里迷人的景色打动，便决定在这里重修庙宇。当时响水观原先的庙宇因年久失修无法居住，他便在山崖下一座山洞内辟谷练气，拂琴舞剑。

因为洞内有一泓清泉流出，四季不干，泠泠作响，他便为道观起名为"响水观"，为山洞定名为"瑶琴洞"，并在洗茶池边种下5株梧桐。如今梧桐仍然枝叶繁茂，阴凉满院。"响泉消夏"成为金州古八景中重要的一处景观。由于杜教仁的带动，当时很多人从其学艺，他的得意门生有张永祥、李永志等。现在我们看到洞口所书"瑶琴洞"三个浑厚古朴的大字，便出自他的得意门徒张永祥之手。

5

响水寺南坡是朝阳寺，"朝阳霁雪"是金州古八景之一。朝阳寺附近还有一个很小很小的归雁庵，有人考证是明代建筑，也有人讲这里是有一个凄美故事的。

中日甲午战争时，川军将领、正定镇总兵徐邦道带领步队三营奉命驰援平壤而路过金州，因得知平壤已失，徐邦道决定留此御敌，他和金州副都统连顺并肩站在了一起。其实他完全可以像奉命来金州的程之伟、赵怀业等将领一样，采取明哲保身、保存实力的做法，但他选择了投入到战斗中。他的部队是乘船从天津到达旅顺的，旅顺当时有清军30个营，却没有人愿意去支援金州，只有徐邦道，用一腔热血证明了川军的英勇和大义。

徐邦道受命于危难之际，率自己的拱卫军在大黑山西北麓的石门子以孤旅阻击日军第二军的进攻，可惜附近清军将领无人响应，纷纷逃命，徐邦道因兵力不足又得不到支援而功亏一篑。

那次石门子阻击战时，他从南方带过来的二营拱卫军中有一名这样的年轻将士，我们已经不知道他的姓

名，只知道他是随徐邦道来金州驻防的，驻防时他和南方家乡的妻子一直有书信往来。

1894年11月，日军第二军从庄河花园口登陆后，直扑古城金州，这名将士随拱卫军在石门子阻击日军，最后英勇战死在阵地上。

老家的妻子后来才接到丈夫的讣告，但她不相信也不接受这个事实，于是这位妻子离开家乡千里迢迢来辽东寻夫。第二年春天，妻子才到达盛京查实了丈夫的死讯，她悲痛欲绝，下决心要到丈夫为国捐躯的地方去祭奠，于是又来到了金州大黑山西北麓。在当地百姓的指点下，她到了石门子战场清军阵地上，按家乡习俗祭奠了一番。丈夫不在了，家里的顶梁柱没了，与丈夫情深意厚的她决定留在大黑山陪伴丈夫的英灵。

她在大黑山朝阳寺南侧的山崖下开始垒砌房屋，供奉观音菩萨，祈求不要再有战争，祈求人们平安吉祥。同时她利用祖上传下的医术，为周边民众治病祛灾，她擅长儿科，治好了不少孩子的疾病，颇受当地百姓敬重。后来大家纷纷募捐，两年后，一座古朴的庙宇在这里建成了，起名"归雁庵"。

庵名可能源于唐代王维《使至塞上》里"征蓬出汉塞，归雁入胡天"的典故；也有人说是因为她的名字叫晏月，所以当地人又将庙宇称为"晏月庵"。民国年间，这位女子圆寂了，完成了陪伴丈夫的心愿，留下了一口古井，见证这个传说。

晏月庵附近的这口古井在开凿时选择的地理位置好，积蓄的井水来自旁边山上的"控山水"，因此，井不深却出水旺，井水很凉、很清。井边的几棵山杏树得益于井水灌溉，较周围树木长势明显茂盛，树干也粗了许多，春天时满树杏花如雪。

6

如果摆一个擂台，让大黑山的几座寺庙都显摆一下，看看各家都有哪些文人骚客留下过诗篇，那么还真不好说谁输谁赢。

大黑山东麓的胜水寺又名观音阁，胜水寺中流传下来的诗词很多，其中值得关注的是清末金州厅海防同知涂景涛的一首七言长诗《戊戌仲夏十一日偕山阴茹利宾游胜水寺》：

> 云根高嶂疑无缝，偶被神斤辟奇洞。
> 洞天天半绝尘踪，谁压巉岏起层栋。
> 杰阁耸出苍松巅，上有幽僧伴鹤眠。

线路穿林转深峭，盘空蹑翠寻飞仙。

学仙当结芳尊友，安得蓬莱太平酒。

尽倾东海入杯中，醉乡直到无何有。

酒酣拔剑叹汪洋，长鲸未斩心忧惶。

菩萨低眉不我顾，曾经阅历千沧桑。

青山青青不改色，我欲住山犹不得。

题名聊志游山缘，石上长留数行墨。

涂景涛是湖南长沙人，清光绪元年（1875年）举人。光绪二十四年（1898年）任金州厅海防同知。海防同知，相当于现在的区长。

据说涂景涛身材矮小却脑袋奇大，他的姓氏又少见，因此金州百姓背地里给他起了绰号叫"土地佬"。"土地佬"到金州有些生不逢时，因为他任职期间正是沙俄于1898年3月27日和5月7日强迫清政府先后订立了丧权辱国的《旅大租地条约》和《续订旅大租地条约》之时。

这些条约签订后，沙俄利用条约俄、中文词意的差别巧施伎俩，妄图进一步扩大租借地范围和权限。

上边签约，具体的细节落实还要下边办。1898年10月21日，中俄双方的地方官员成立中俄勘界委员会，开始进行实地勘察和划界。

每天凌晨，作为专派委员的涂景涛就会坐轿子从金州城西街的海防同知衙门出发，出了金州城南门，再去向大连湾那边，与驻扎在此的俄国人进行勘界谈判。

谈判当然是没有理想结果的，弱国无外交嘛。金州老百姓当时困缩在一城之中，不满和愤怒的压力都转嫁到了这位"土地佬"的身上。金州的老人们常叹息着说，涂大人其实是一个好官，当时却被骂作汉奸，他的轿子上时常被丢上烂菜叶。

勘界之初，涂景涛是协助武官协领高万梅参与勘界的。他们与俄国特派员倭高格等人举行第一次会谈时，高协领就与俄方因分界事宜发生争执，最后不欢而散。清政府又改派协领庆霖接替高万梅，庆霖称病不出，最后只好让五品官涂景涛全面代理，因此涂景涛背负的巨大压力可想而知。

　　他支持当地群众的抗俄斗争，表现出了民族气节和爱国精神，在勘界过程中也是与沙俄据理力争，但因清政府腐败无能，他的努力并没有收到成效。在观音阁的这首诗中可以读到诗人当时复杂悲

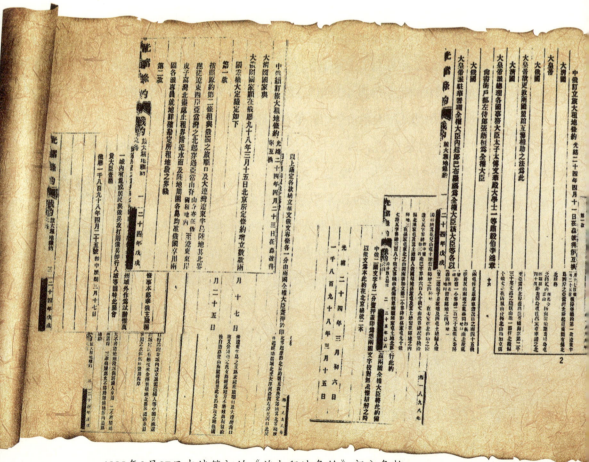

1898年3月27日中俄签订的《旅大租地条约》部分条款

愤、壮志难酬的心情。

这首诗估计就是1898年他初到金州，在勘界中偶然陪友人来胜水寺凭高远眺，于是借诗文来浇胸中块垒。

这通诗碑原在胜水寺里，后来诗碑残损，现在被收藏在金州博物馆中。

胜水寺坐落在大黑山东北部的半山腰中，分上、下两院。下院24间古建筑在"文革"中被毁坏，后经再建，已改作他用。

穿过胜水寺的下院，走过365级石阶，沿着林荫盘山曲道穿林步险，盘旋而上，可达露台。在此仰视上院，悬壁欲坠，惊险无比。经东、西两龛形山门均可进入上院。

上院的主要建筑物位于隐仙洞内，由正殿（即无梁殿）、南阁、东西山门及东西禅房组成。隐仙洞上前方，金翅大鸡傲视远方，警惕地守卫着整个寺院；胜水井斜上方，万年金龟探首凝神，保护着井水的圣洁。其势、其形、其神惟妙惟肖，令人赞不绝口。

正殿的东侧虽然没再建殿堂，但此地仍处于隐仙洞中，这里供奉着女相观音菩萨玉雕像。观音像与正殿之间有一古井，名为胜水井，井水清澈晶莹，水味甘洌。据当地人讲，喝观音胜水能祛病强身。当年我们来到这里时，还曾取一瓢饮。胜水寺之名亦出于此，胜水井又被视为该寺的"地穴"。可惜近年来因为一些企业过量开采大黑山矿泉水，造成水位下降，如今此井已经干涸，而且井口也被遮挡起来。

呜呼，胜水寺已无胜水。

在隐仙洞的西北角高5米处，有一洞穴名为"西北天"。据说此洞通向大黑山主峰，深可达几里，但进洞数米后，由于洞口狭窄，人即不能前行，所以从未有人探得其底，于是人们便将它视为该寺的"天穴"。

关于天穴和地穴，还有一个比武的民间传说，主人公是明洪武初年的两位高僧，一为陈德新，一为方影山，都是实有其人。其实两个人当时就是分别住持上院和下院的高僧。

大黑山的寺观殿阁中，以保存的各种古碑计，我个人感觉观音阁是最多的，而且年代最古远的碑刻也在这里。例如，现存观音阁中的《榆林胜水寺重修记》，是明嘉靖六年（1527年）刻制的，碑文如下：

榆林城东去二十里许有大黑山，寺东有泉水，西有洞穴，前有悬岩数丈。岩上古建观音阁，松柏绕涧，景致幽奇，诚乃胜境也，因名曰"胜水寺"。今有善士及功德主公子杨盛、贾奉辈作善事于寺中，目睹观音阁损坏疏漏，不蔽风雨，坦塌数多难妥，圣像实可悯焉。各发虔心，请命于备御挥闻杨公、掌印指挥福公。于是，二公欣然开允，助以灰木，施以己赀，以次率诸愿从者，施利云集，即日鸠材募工，经营斤斧，不旬月而工师告毕，

巍峨壮观，焕然一新。落成之日，内外交欢，神既能安，

人受多福，余忝庠生，蒙请作记，义不容辞，僭书于珉，

用垂不朽云耳。

清代晚期，大连地区文人辈出，诗风日盛，许多文人学子以吟咏名胜为雅，趋而作之，因而这类作品数量日多，而且写得很有文采，文字优美，佳句连篇，描画生动，色彩斑斓，好像一幅幅水彩画，为大黑山留下了文化的种子。

写到这里，不得不提大黑山下还有一个画痴或曰画疯子。

《大连日报》1966年夏天曾经刊发过一则小消息：大连第一支"徒步长征串联队"的18名学生启程前往首都北京，组织者是来自大连师范学校的刚刚17岁的于振立。

头发灰白凌乱，身穿一身布衣，手上可能沾满墨迹油彩，脚下的黑布鞋常有泥泞，这就是现在隐居在大黑山的于振立。

于振立出生于金州，先后从大连师范学校毕业、中央美术学院油画研修班结业。20世纪70年代，他以《哥哥姐姐下乡来》等80余幅宣传画开始进入公众视野。在他从事艺术创作的几十年间，他分别通过写实艺术、现代艺术、表现主义以及抽象艺术确立了在国内美术领域的领军地位，尤其《吃喜酒的女人》，曾被誉为中国表现主义绘画的巅峰之作。

但最为轰动中国美术界的事件，无疑还是于振立在大红大紫、名声大噪时归隐大黑山。

1994年12月26日，红极一时的美术家于振立厌倦了都市的光怪陆离，放弃了令人羡慕的职位，开始隐居大黑山。当时可以说没人相信于振立会从此远离红尘在大黑山隐居，所有人都说他最多待个两三年就会出来的。

171

现在20多年已经过去了。

从那时开始，他躲在大黑山读书写字，创作了大量的美术作品，并且身体力行，以一己之力精心打造或者说修筑他的小巢屋。

如今，于振立的这处巢屋建筑完全可以用惊世骇俗来形容，也可以说它就是一件艺术品。更可贵的是，它全部用的是人们随手丢弃的废物。例如，各种类型的酒瓶子，在这里被砌成了几座小塔和院墙；旧轮胎和自行车车圈，安置在房屋的墙面上，好像一个个符号，又像一双双眼睛；还有他捡来的磨盘和碾子，废弃的电视机荧屏，各种形状的瓶瓶罐罐，它们被重新集结在一处。所以，于振立的这处类似小城堡的屋子和他本人一样古怪而又引人注目。它实际上也早已成为大黑山的一道风景。

这一处非常别致、非常有创意的建筑，更像是一个行为艺术的产物；而这个修筑过程，也是一种苦行僧式的创作。

从这里再往南走，就是响水观和朝阳寺。

仙人桥上杜鹃红

对大黑山之名最早的记载见于明代。

高句丽时代的卑沙城叫什么名字呢？也许就叫卑沙山，也许已经没有也许。

那么更早的战国、秦汉和远古时期的大黑山叫什么名字呢？

有人考证说，辽南一带即是古代文化典籍《山海经》中记载的青丘国的一部分。那时的辽南大地是层峦叠嶂、满目苍翠的青春之地，在这青春之地、山海之间，木丰树森，岩多滩广，鸟飞兽走，鳞潜羽翔，故名青丘。

1

2016年秋，金普新区管委会曾邀请一批学者研讨大黑山文化，其中有台湾著名学者、北京大学教授龚鹏程。因为那一次的结识，后来我特意拜读了他的新书《龚鹏程述学》。果然，他在书中也写到大黑山即青丘：

> 辽南有大黑山，又名大赫山，明时称也。或曰《山海经·海外东经》所谓青丘者即指此。青即黑，故青丝即黑发。丘乃小山，大黑山才六百余米，耸峙海滨，故显其高，实即丘也。青丘古以狐称，《山海经》云其地有九尾狐，迄今当地仍有狐仙洞，多狐仙故事。道士王智广告我曰：村民有命小儿入山拾柴者，于山前见群儿嬉戏，遂与共耍；群儿并邀至宅中共饭，食毕乃返。家中已哭泣数日，谓此子走失，或为虎狼所噬矣。语经过，皆不信。乃导其父兄寻曩之童子家。至则不见青砖小屋，唯狐仙洞耳。又尝见狐仙炼丹。一狐吐丹，一狐接之。丹赤赫如炽炭，约小儿拳大，划空往来。墨夜漆黑中见之，魅异绝伦……

173

大连大学中国东北史研究中心主任、硕士研究生导师王禹浪在他的专著《辽东半岛地区的高句丽山城》一书里也说过：经考证，大黑山即是《山海经》中的青丘。

还有，《辽宁地域文化通览·大连卷》一书特别以一小节《声名远播的青丘文化》来阐释青丘就在辽南，就在大连地区。

　　青丘即是大黑山，不是空穴来风，也不仅仅是猜测。

　　据考古专家考证，大黑山有约4000年前的青铜时代聚落遗址，这和附近的红土崖子湾大嘴子青铜遗址在时间和空间上都非常接近，甚至可以说，它们或许就是一个原始聚落和文化系统的。

　　联系辽南众多的新石器时代和青铜时代的文化遗址，青丘即是大黑山的结论已经呼之欲出了。

　　改革开放前，金县曾经组织农民在大黑山附近修梯田，人们将一部分山坡挖成了阶梯状，于是就有一个个类似的土层剖面出现了，在这些"熟土"剖面层内，有时就可以看到有陶器残片、石器或石器残段以及"红烧土"夹杂其中，展现出包含着史前人类文明重要信息的文化层。

　　自战国时期以后，大黑山附近就开始人烟不断。考古工作者陆续发现了阁条沟上沟积石冢遗址、凤凰山西坡下汉代遗迹，陈屯附

近汉代墓葬遗址出土过陶制明器。辽金元时期的文化遗存在这里更是俯拾皆是，如西北麓朝阳寺屯出土过金元时期的手工作坊用具，胜水寺上院出土过金元风格的石龛座，上院和下院之间的山坡上曾发现过金元至明清时期不同风格的石浮屠，符合辽金元时期葬俗的"火罐"大连解放后也屡有出土发现。

大黑山历史上还曾有过大赫山、大黑尚山、大和尚山、老虎山、东山等名称。直到1980年，旅大市政府开展地名规范化活动，才统一规范命名为大黑山。

为什么最后统一命名为大黑山呢？

是因其林深树密、浓荫蔽日，还是因其高大峻拔、山石裸露，且多呈淡黑色呢？

如果从山南大连开发区的方向北望大黑山山峰，那侧影的确像象形文字的"山"字。

一眼望过去，深蓝的天空背景把大黑山的黑色衬托得愈发明

显，如果给这黑色一个更准确的描述，应该是浓黛色。整块整块的黛色、青色，浓淡各不相同，好像一大碗墨汁砸在山脊上，溅起片片墨痕。偶尔还有山火烧焦的痕迹，深色里含着更深色，仿佛经年岁月在大山的脸上刻下的一道道皱纹。

天下山色皆然，唯有大黑山有碧波万顷的黄、渤两海做底色，有辽南晴空和青纱帐相互映衬，就黑得格外有意境。

所以，最后统一命名为大黑山是有道理的。

总之，大黑山和它的几个别名无一不符合它雄伟粗犷的气质，无一不显示出它棱角分明的雄性特征。体型巍峨，肤色黝黑，气概豪迈，一如剽悍的东北汉子。甚至，连居住在大黑山上的人也继承了其雄性基因。据说，有一驻守在大黑山上的部队，全连官兵因为常年饮用大黑山泉水，凡娶妻生子者，家家都得了胖小子。

2

黑是大黑山的主色调，红则是大黑山春天独有的色彩。

现在很多大连人都知道春天大黑山有杜鹃花海。

说起来，还是我们最早的一批爬山驴友发现的大黑山北坡花海。早在2008年4月，我就在博客上发过杜鹃花海的图文，引起很多人的关注。我那时走的就是大黑山东北角大连大学—观音阁—北坡—主峰的那一条路线。

林深花愈艳，鸟鸣山更幽。那一次我本来是想去观音阁庙会的，

去了发现人太多，加之我已经去过几次了，不喜欢熙熙攘攘，于是临时决定不上观音阁，而是走上了另一条通往主峰方向的山路。

结果意外地发现在这条路上到处都可以看得到杜鹃花。当然，开始只是三五株，露出一点儿笑脸来迎接你。再往前走，尤其是走到大黑山北坡的山阴处，就是漫山一片花海了，令人叹为观止。

我是从黑龙江大兴安岭林区来到大连的，虽然近30年了，常常魂牵梦萦的还是那里的大森林、大风雪、白桦树、红杜鹃……

在大兴安岭林区时，兴安杜鹃就是"迎春花"，大约在每年5月中旬到6月初陆续开放，一开就是漫山遍野，如火如荼。杜鹃是灌木科，常常生长在乔木下，尤其是和青松白桦相映衬，美极了。人们又叫它满山红、映山红，也有叫达子香的。它在朝鲜半岛上又叫金达莱，其实指的都是杜鹃花。

大黑山有灌木400余种，主要为榆叶梅、花椒、毛樱桃、山枣、杜鹃等。其中杜鹃春天开起来漫山遍野，尤其是主峰北坡下边，一

片片一<u>丛丛</u>蔚为壮观，成为大连人和外地游客们的最爱。

在主峰北坡，陡峭弯曲的一条小径是从杜鹃花丛中间穿过的，人行走其中，与杜鹃花的花枝比肩齐头，脸庞会被粉红色的花瓣亲吻着，还能呼吸着淡淡的花香，那是何等浪漫啊。正因为如此，每到春天4月末5月初，许多游人都选择到大黑山去看杜鹃花海。

也许真的是大黑山从古至今的战事太多了，不论是战国时期、大汉辽东郡沓氏时期，还是隋唐高句丽山城时期，战争都曾经一波又一波袭过大黑山。于是，数不清的将士的鲜血洒在这里，孕育出了血红的杜鹃花。

除了杜鹃，还值得一提的是大黑山上弯弯曲曲的山枣树。秋天的山枣红红的，颗粒不大，在朝阳寺会有农妇叫卖，果实小而有些酸涩，细细品之，饶有余味。但爬山的时候，不小心碰上山枣刺，就会扎得你龇牙咧嘴。

大黑山主峰北是杜鹃花海,南则有仙人桥奇观。

从凤凰谷的石阶一直爬到石鼓寺,回头再看正南约百米处,就是闻名的"仙人桥"石崖景观。所谓仙人桥,实际是一道长6米余、宽约2米、高数十米不等的山梁。这山梁经数万年的风吹雨蚀,山石早已被风化出数条裂缝,上面杂草丛生,远看却仿佛绿毯铺地,桥味十足。

经此桥即可直达"仙人台"。

仙人台和仙人桥是大黑山中非常有特点的奇景,其中仙人桥是由无数不规则的巨石组成,宛若一座架在险峰绝壁之间的石桥,而石桥的尽头,就是在一柱四周壁立的孤峰上天然形成的奇景仙人台。

当初修建十八盘台阶路时,设计者在石鼓寺外不远处专门建造了一个比较宽敞的平台,就是因为那个地方是欣赏仙人台石峰的最佳位置,但除非走到仙人桥上或者冒险下到绝壁之下,否则人们是不容易看到仙人桥和仙人台全貌的。

仙人桥宽仅1米多,两侧都是绝壁,奇特和险峻之处在于,在石桥向外10米左右的地方,竟然断开一道宽约一人高的裂口,从桥上向下足有10多米深,而就因为这一断裂,山的主体完全与仙人台那座孤立的石峰分离了。

从仙人桥到仙人台虽然只有10多米距离,坡度也不太大,但因怪石重重而显出攀爬的艰难。尤其是刚开始踏上桥身的几步,其地势险峻,那些松散地挤在一起的巨石向一边倾斜得厉害,石缝间能看到下面的亮光,山石似乎随时都可能坍塌而坠入深涧。一般人看到这种情景就会心惊胆战,望而止步;胆大走到桥上的人,也会因为前面那道大裂口而却步。所以在我们当年的爬山者队伍中,敢于从仙人桥上跨过去并且攀到仙人台的攀岩高手寥寥无几。

仙人台最高处是一块形如方桌的巨石，周围有一些不规则的小石头，形如奇形怪状的凳子。台上面空间十分狭窄，最宽处也不过三四米的样子，且怪石排列，高低不平，人若在上面须十分小心。但仙人台的南北向却比较狭长，有三四十米。因此，仙人台是那种最典型的“横看成岭侧成峰”的独立石峰。其实仙人台是可以从东侧和南面攀上去的，但所经之路除了临深渊就是攀崖壁，险象环生，惊心动魄，且因为这一带林密草深，山势复杂，一般人很难找到路径。因为攀爬仙人台比较危险，所以在没有熟悉情况的人引路时，一般人还是不要贸然尝试。

　　仙人台还有个神秘的传说。大黑山乃钟灵毓秀之地，山中多有佛道寺院，自然少不了神仙怪异的历史传说。相传，古时候每当月圆时分，归隐于此的名士雅客会纷纷现形显身，在月光下聚在石峰顶上那石桌石凳周围，把酒吟诗，谈经论道，这时连山中栖息繁衍的雕、鹿、虎、狐、蟒等珍禽异兽也会围过来侧耳聆听，久而久之，这里就成了山中修炼的奇妙圣地。这个奇异的传说亦真亦幻，十分神秘。山里的人们偶尔在月夜里得见那种神奇的场面，会怀疑是仙人下凡，而一般人又大都不敢贸然亲临这一险境，只能以“仙人桥”“仙人台”称之。

　　春夏之季，在仙人桥及仙人台周围的百米深谷中常有云缠雾绕，可谓神秘莫测。有幸在此时登临仙人台，会置身于云雾之中，仿佛轻纱绕体，轻盈曼舞，使人顿生飘飘欲仙之感。有登临此台之人曾发过如下感慨：

　　　　仙桥飞架抵仙台，有缘不求仙自来。
　　　　摘星勿需展直臂，小驻一刻醉三载。

3

在水泥丛林下，在车水马龙中，在喧嚣嘈杂里，在格子间电脑前，如果你感觉心烦意乱，气虚胸闷，甚至抑郁焦虑……

怎么办？

我有一个建议：放松身心，调匀呼吸，找一个窗口、找一个角度开始默默地深情地注视大黑山，不要管你和山的距离有多远，哪怕只能看到一个角。

方法是先找准山的一个点，凝视、凝视、凝视……由远及近，由近及远，然后再慢慢地拓展开视野。凝视的时候要先放空，再冥想，这样一会儿就会有感应和领悟，但具体到每人会各有不同。

如果想调整到更好的状态，那么建议你选初春或者深秋的晴朗日子，去爬一次大黑山，走传统的关门寨、朝阳寺那几条爬山路线也可，走野路子更好。

沿着曲里拐弯的野路子、踏着厚厚的泥土和枯枝树叶迤逦而上，不觉间就会气喘吁吁，大汗淋漓。待攀到一个高点时，耳闻风习习，眼见雾茫茫，再看前面点将台、卑沙城都在山风雾岚中兀立，顿时便会想起陈子昂"前不见古人，后不见来者"的诗句。

　　然后爬到点将台或主峰或南坡的前峰都可。在这几处远眺，首先可以一览古城，也可以俯瞰开发区全貌；同时黄、渤两海，大连湾，大、小窑湾，金州湾也都在视野之内；如果是秋冬时节，天高气朗，还可以望得到东侧金石滩和西南的大连老市区，包括东港商务区和海之韵广场。

　　总之，东浩瀚，西辽阔，北苍苍，南茫茫。

　　如果能在早晨登顶，看日出效果是最好的。在这里看一次日出，你会记住一辈子的，当然最好身旁有一个喜欢的伴侣……

　　当然要早早起床，要赶在上班车流前去大黑山，要在模模糊糊的曙色中登上山顶，等待曙光初照的那一刻。

那一刻，旭日将升之时，黄海一片赤红色，波涛汹涌，闪闪发光，令人心旷神怡。

越来越多的人开始喜欢大黑山了。

人们不能想象大连这座城市的周围没有山，就像大连不能没有海一样。虽然山使城市有了一些起伏波澜，从而限定了它的发展规模，海却开阔了城市的视野。

大黑山是最适合人们攀登、游览的一座山，所以，每年的徒步大会、每年的春游赏花和秋天的重阳登高地点都选择在这里。不仅仅因为它离市区距离近，去登山、游览都方便，更因为从任何角度看大黑山都堪称胜景，独特的地理位置，丰富多彩的山势形态、岩石地貌、林木花草、气象奇观等元素，都对喜欢登山的人具有很大吸引力。

我的朋友赵文强是爬大黑山驴友圈里最知名的一位。有一年，他曾经创造了爬大黑山100多次的纪录，平均每3天就去一次大黑山。而且他爬大黑山要讲究"大循环"和"小循环"，"小循环"需将近4个小时；"大循环"路线长，所需时间就更多了，按照路线不同，常常五六个小时不等。因为常年爬山，他脸是黑黑的，身材瘦而结实，十分硬朗。

爬大黑山的确上瘾。我相信，其实大连的每座山都有一大批忠实的驴友相伴。

回忆起来，我爬过次数最多的几条路线是这些：

1.凤凰谷路线：凤凰沟口—关门寨—滴水壶—麻将牌—石鼓寺。

从杏林小区沿柏油路北走，即有花岗岩修建的石阶小路共1631个台阶，中途过关门寨，看麻将牌，再上到唐王殿即石鼓寺。从唐王殿后，西可去点将台，东可到最高点——电视发射塔。

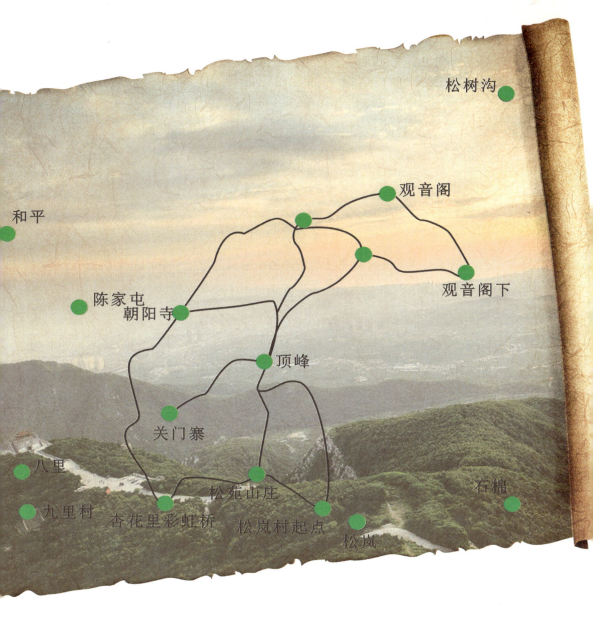

　　这条路线的特点是危崖高耸，怪石嶙峋，亭台点缀，风光秀美，过去没修台阶的时候，途中险要地段须四肢并用攀爬。

　　2.观音阁路线：大连大学—石阶—碑林—观音阁。

　　1994年我刚到报社不久就去过观音阁庙会，往东过松岚村走大连大学后身，沿一条山路到一部队的营地，然后右拐上365级石阶到观音阁，从观音阁可以绕到山后的朝阳寺。

这条路线的特点是多为狭窄石板路，一路石碑很多，适合访古者和香客上香许愿。小路两旁古树参天，树枝系满红布条，那是人们祈福愿望的寄托。

3. 最省力气的路线：杏林小区—朝阳寺—水泥路—点将台。

这条路线是从杏林小区走柏油路一直到陈家屯、朝阳寺。从朝阳寺开始，依旧沿着水泥路盘旋上山。但走这一条路线似乎不应该叫"爬山"，应该叫"逛马路"。

这条路线的特点是一路都是水泥路，非常好走。下山到朝阳寺附近，可见农家果园姹紫嫣红，樱桃、大枣、苹果、杏触手可及，而且附近还有农家菜馆。

4. 最刺激过瘾的路线：大连大学—东山鼻子—刀背—垭口—电视发射塔—点将台—杏花里。

全是羊肠小路，起伏曲折，如果是春天，可以看到杜鹃如火，通红一片，然后到电视发射塔后边，再走到点将台下来。

这条路线走完全程需四五个小时，山陡路难，但风光极美，最适合喜欢挑战的年轻驴友们。

过去，城里的人总是用眼睛来欣赏大黑山。"相看两不厌"，曾经是城里人与大黑山最寻常的相处方式。但现在，越来越多的人开始走进山里。

因为山是城市的浪漫之梦，人们意识到喧嚣的后面有一个静谧的所在，在那里他们的心灵会得到安慰。离开写字楼的拥挤和汽车尾气的浑浊，想到大黑山中的泉水、岩石、黑松、野花、农家院，心中就不禁为之一爽。

于是，大黑山成了城市的期待。同时，城市在期待中又无形地美化了大黑山。

大黑山是大连人的心灵寄托，当一切繁华喧嚣扬起的尘土在城市里弥漫，大黑山便成为我们触手可及的另一个世界，纯净，静谧。

登山有瘾，还因为大黑山有独特的魅力。

由于受海洋性气候影响，加之"一山临两海"的地理位置，首先大黑山就有许多因气候和气象条件派生的独特景观。

例如云雾、雨雪。

大黑山东、南、西三面临海，无论是东风、南风带来的暖热云雾，还是西风、北风带来的寒冷云团，遇到突兀而起、临岸高耸的大黑山必然受到阻碍，从而形成奇特的大黑山云雾。在大黑山，尤其是春天、夏天，经常能看到瞬息万变的流云飞雾，一团团、一道道的云雾随着山谷中上升的气流向山上翻卷喷涌，爬升蔓延，一片片的云彩在山腰、山巅飘荡游走，山石、树木等景物经常在云雾的遮掩下时隐时现。这时人若在山上，则会看到云朵雾霭在眼前飘然而过，在身前身后飞腾涌动，仿佛身处仙境一般，亦真亦幻，奇妙无比。

　　闻名遐迩的金州古八景之一"南阁飞云"，讲的就是在大黑山半山腰上的观音阁观赏大黑山云雾。凭栏下望，只见飞云流雾在脚下翻卷飘浮，山石、树林、石阶、溪流等景物随着云雾的飞舞变化而若隐若现，美丽绝伦的景色变幻无穷、稍纵即逝，令人感叹大黑山的魅力。

　　有一年开发区管委会组织我们到大黑山搞登山比赛。我们的起点就在朝阳寺门前，终点是点将台。没想到刚刚起跑就突然降雨，开始还属于蒙蒙细雨，不影响我们登山的脚步，而且在雨中路两旁的景物都变得朦朦胧胧忽隐忽现，有一种扑朔迷离的诗情画意。很快却大雨如注，连上山路上的水也成了小溪流。跑到点将台时又雨过天晴了，山中草木为之一新，路上的落叶枯枝、尘土杂物都被冲得干干净净。

　　我们下山回来，才发现大黑山下开发区内根本就没有降雨，连一个雨滴都没有掉，那场雨完全是大黑山自己的小气候。当地有民

谚："大黑山戴帽，不是下雨就是撒尿。"在山上行走，山下是晴空丽日，山上突然会下起小范围的倾盆大雨，让游人措手不及而享受一次"淋浴"。这是因为带水汽的云经过陡峭山峰时受其阻碍而爬升，于是因温度降低、水汽凝结而降下地形雨。这种情况常常发生在极小范围内，甚至走出数十米就可能是截然不同的另一种天气，令人感到莫名其妙和惊叹不已。

在日本，富士山也有一种叫"笠云"的自然现象，就是富士山"戴帽"，远看好像云层静止，其实此刻山上的风非常强。

大黑山冬天降雪不多，雪大都很快融化，但大黑山山势陡峭，形态多变，山石裸露，纹理清晰，一旦遇到降雪，雪中登山就是难得的体验。皑皑白雪映衬着苍黛的山石林木，更显出雄浑与壮美。大黑山冬天也经常会被云雾笼罩，一旦遇到气温降低，空气中的小水滴会在树木杂草上凝结起晶莹剔透的雾凇。这里的雾凇与其他地方蓬蓬松松、一碰就掉的雾凇又有不同，因为这里的雾凇往往是树枝在寒风中摇曳时凝结形成的，因此不仅形状奇特，而且是牢牢地

粘在树枝上的，只有气温升高，雾凇才会消融软化，从枝头掉落。大黑山美丽的冬雪与雾凇非常适合摄影爱好者拍摄，因为那真是一份难得的迷人美景。

5

夫山者，万民之所瞻仰也。草木生焉，万物植焉，飞鸟集焉，走兽休焉，四方益取与焉。出云道风，嵷乎天地之间。天地以成，国家以宁，此仁者所以乐于山也。

古老的岩石和甘甜的山泉还不足以显示上苍对这座大山的恩赐，除此之外，典型的森林植被、种类繁多的动物更是大自然赐予大黑山的一笔财富。

　　大黑山的植被好，除了杜鹃等灌木，许多山谷峰峦都是大树参天，密不透风。山中树木以阔叶林为主，以针叶林为辅。阔叶林又以麻栎、蒙古栎为主，还有刺槐、大叶朴、山杨、榆树等。针叶林有池杉、黑松、油松等多达120余种树木。

　　麻栎、蒙古栎是大黑山典型的地带性植被，漫山遍野。在这里，栎的树种还包括辽东栎、栓皮栎等。栎是学名，老百姓常常称这些树为柞树、波椤、波椤棵子，等等。

　　栎树，也是俄苏文学家笔下的橡树。在饥荒年代，橡子面可以充饥，栎树树叶可以饲养柞蚕。而且橡子是号称比水稻、小麦"资格"还要老的粮食，人们食用橡子的历史至少可以追溯到公元前600多年。唐代皮日休有一首诗《橡媪叹》：

　　　秋深橡子熟，散落榛芜冈。
　　　伛偻黄发媪，拾之践晨霜。
　　　移时始盈掬，尽日方满筐。
　　　几曝复几蒸，用作三冬粮。
　　　……

从诗中可以看出，唐代末期，橡子是民间的一种粮食。

在大黑山上，我们可以从叶子形态上来区分麻栎和蒙古栎。

树叶大而圆且有大的锯齿的，是蒙古栎。老百姓过去曾用它来包柞叶饼。关于柞叶饼，年纪大的人也许还有记忆，小时候用高粱米面、玉米面做，现在用白面做。树叶细而长，边缘有锯齿，齿尖呈毛刺状的，是麻栎。养柞蚕的通常是这种树。

栎树除果实即橡子可供食用外，其木材坚实，耐腐性能好，是制作家具、农具、枕木、矿柱、电杆的好材料。橡木烧出的木炭，火力旺盛，经久耐烧。橡树皮和橡子壳含有丰富的鞣料，是工业上提取栲胶的好原料。腐朽的橡木还可用来培植营养丰富、鲜美可口的香菇和木耳。

大黑山的麻栎喜欢阳坡，并且形成了麻栎与黑松组成的混合林。秋冬季节进大黑山，一路上脚下全是哗啦哗啦的麻栎、蒙古栎树叶的声音，十分好听。而且这种树叶很滑，稍不留神可能就会让你滑出很远。在山脚避风处，栎树树叶还会形成一个个蓬蓬松松的树叶堆子，爬山的驴友走累了，躺上去又舒服又松软。

每到春天，就如靓丽的模特一样，花儿们开始轮番登场了。最先是4月初的榆叶梅、玉兰、连翘。榆叶梅一片艳红，玉兰冰清玉洁，连翘黄得耀眼。然后是4月中旬的杏花如雪，5月初的桃花似火，5月中旬的苹果花、樱桃花、梨花，5月下旬有满树的槐花飘落。

5月的毛樱桃是花先叶后，花白色至淡粉红色，萼片红色。5月下旬至6月初果实成熟，颜色鲜红或乳白，味酸。

大黑山南坡、北坡和东坡都有许多诱人的果园。果园里，桃树、梨树、樱桃树、苹果树、栗子树争先恐后。春天百花竞艳，

秋天百果竞香。而附近农家院落里，家家房前屋后都有杏树、山楂树、枣树、梨树、柿子树和香椿等。

山上的野果子也非常多，春天的桑葚，夏天的山杏，秋天的山梨、板栗，等等，都是难得的美味，遇见了令人垂涎欲滴，流连忘返。

得天独厚的自然环境也促进了动物的良性繁衍。大黑山的动物主要有山兔、狐狸、野鸡、杜鹃、沙鸡、山雀等。但是在更早的年代里，大黑山里还有老虎，大黑山曾经就叫老虎山。有老虎的时候，大黑山一定是更加绿意盎然、植被丰厚的，因此位居于食物链顶端的老虎才能生存。

清代晚期，据说大黑山上还有雕。而且根据史料记载，清代朝廷曾在金州古城设雕厂，命令这里的猎户每年要向朝廷上交各种雕翎达430幅，为官员品级顶戴和宫廷装饰之用。

大黑山点将台南侧是万丈悬崖峭壁，传说过去有一巨雕就在峭壁上筑巢。老人们讲，该雕奇大无比，展翼如云，凶猛异常，獐狍野鹿难逃其利爪。但它很有灵性，从不伤害周围百姓的家禽牲畜，故村民们尊称它为神雕。传说在仙人台上，还有它的一把交椅呢！

还传说，早些年，常有道士从这点将台绝壁之上坠下，实现所谓超凡脱俗、羽化登仙。人们在悬崖下常看到尸骨凌乱，无人收殓，因此百姓管此处叫"舍身崖"。既然有尸骨作为美餐，巨雕在此筑巢就一点儿也不奇怪了。至于巨雕的灵性，它肉足血饱之后，哪还会对家畜感兴趣呢。由此看来，传说巨雕不食家畜不是没有道理的。

令人欣喜的是，现在随着生态环境的进一步改善，这里已经绝迹多年的雕、鹞子等猛禽近年来亦不时光顾，为大黑山增添了灵气。

清人曾有诗赞大黑山曰：

> 万树松涛翻远堑，千寻阁势耸层巅。
> 胜游何必蓬莱上，此地登临即是仙。

因此，大黑山的意义远远超越了其自然存在的价值，它已经从自然山水上升为人文山水。它是大连地区文化的重要发祥地，是古往今来人们进行宗教活动、商业活动、社会交往的场所，是一个神圣的所在，是一座让我们仰视的山。

一座山，需要一座城来开发、衬托；一座城，更需要一座山来放松、安顿、点缀。

大黑山划分了城市的时空格局，也装点了城市的风景。

金石滩

混沌未分天地乱，茫茫渺渺无人见。

自从盘古破鸿蒙，开辟从兹清浊辨。

外地人和旅游者若知道大连的金石滩，多半是因为十里黄金海岸的沙滩浴场，发现王国的过山车和夜场的尖叫。

　　大连老市区的人喜欢称金石滩是"后花园"，潜含的意思就是认为到这里就能泡个海澡而已。我不喜欢这个说法，小情小景的"后花园"称呼是对金石滩的一种亵渎、一种轻视。

　　金石滩就是金石滩，是中国独一无二的。

　　大连是仅仅有百年历史的大连，金石滩是亿万年造就的金石滩。

金石滩国家旅游度假区图

　　石猴观海、恐龙探海、大鹏展翅、贝多芬头像、刺猬觅食、蟹
将出洞、九龙壁……

　　听听金石滩这些充满美妙神奇色彩的景观名字吧，会给人以多
少各具刚柔之美的遐想啊。

　　在金石滩看海、看石一定不要性急，不要急匆匆地一直往前
走，以为前面永远有未知的风景，要慢慢走、仔细看。因为这里的
岩石都是无字天书，它们记载着地球变迁的印记，如果你不是认真
地读、仔细地读，可能就一无所获。

　　金石滩的海岸石崖都是历经亿万年，不断接受海水、海风的冲
刷洗礼，才被雕琢成今日这番绝世之丰姿、天地之大美的。

　　在艺术家的心中，这里可以说是摄影家相机胶片的杀手，美术师泼墨山水的范本，音乐家旋律与节拍的乐谱；

在地质学家的心中，这里又是最好的岩溶和海蚀地貌博物馆，是研究地层学、沉积学和古生物学的理想之地；

在文学家的心中，这里又是创作的灵感源泉，或是传说中时空隧道的入口吧，在这里完全可以实现一次穿越。

走在金石滩海岸线上，我总以为，远古那石破天惊的一刻，那倒海翻江的一幕，那岩浆涌出、地壳升起的场景，仿佛就发生在昨天。

龟裂石——6亿年的震旦沉积

金石滩是一尊海神，而且这尊海神一定是女神。

因为这里有玫瑰石，有金石园，有通灵宝玉，甚至有金发女郎……所以一定是女神。

人人都说金石滩占尽天时地利，独领风骚，承载着大海和地壳亿万年的记忆，那我们一时间应该先从哪里说起呢？

就先从女神最珍贵的一块宝石说起吧。

这块宝石就是金石滩的"通灵宝玉"。

话说亿万年以来，胶辽古陆的黄海岸边就有一大片沉积岩断崖，这断崖在海浪的侵蚀之下早已经被掏空了下边。终于有一天，突然发出天崩地裂似的一声巨响，然后从断崖顶端轰然坠落下一大块岩石来。

这块岩石坠落在断崖下的海滩之后，立刻有海水涌上来亲吻拥抱它，这样又经过数万年海浪的洗刷冲击，这块岩石变成了由一块块巴掌大的粉中有黄的龟裂块组成的大石板。

石板缝隙浅浅，纵横曲折，其中的线条又呈淡绿色龟裂状。

龟裂，原是指田地因干旱而裂开许多缝子，也指人的皮肤因寒冷干燥而裂开的口子。因此，人们最初就将这块大石板命名为"龟裂石"。

后来，因为这整块石板的图案又酷似一巨大的海龟背甲，所以，人们又叫它"龟背石"。

地球终于运转到1974年，一个花白胡子的美国老头步履蹒跚地

来到了这片海滩上。

美国人历来都是有着探险者基因的。上至星空宇宙，下至海洋峡谷，世界上很多自然景观还真是美国人首先发现的。例如中国云南的香格里拉，就是美国人洛克推荐给世界的。

而这个老头也不简单，他是美国国家科学院地学部主席柯劳德教授。那时中美关系刚刚开始解冻，柯劳德就急不可待地想来看看古老中国的地质地貌，经有关地质部门推荐，他被安排到大连金县满家滩一个叫葛屯的小渔村来考察。

一来到这片海滩上，柯劳德就惊呆了：天哪！原来这里有块巨大的龟裂石。

就是那一块绯红色的、由于自然崩塌而耸立在沙滩上的龟裂石。

被这里奇特的地质构造和这块龟裂石所吸引，柯劳德在这荒无人烟的海滩徘徊考察了几乎一天的时间。

这就更有点儿传奇色彩了。

陪同他一起来的中方人员心里嘀咕：在这荒无人烟的海边找什么呢？莫非有藏宝图？

柯劳德在当年的世界地质年会上推介大连满家滩，后来也多次向世界的地学同行们讲述满家滩的龟裂石，他说，这是地球上古代沉积岩的活标本，而且足有10平方米大小，是满家滩地质史书上最精彩的一页。

据说欧洲阿尔卑斯山有相似的一块龟裂石，也有人说加拿大也有一块同类的龟裂石，但都比这块小。后来，中国湖南茶陵也发现了龟裂石，但是观察其纹理和色彩，与金石滩的这一块简直不可同日而语。

这是迄今为止地球上发现的最美丽的一块龟裂石。在经过大海亿万年的精雕细刻之后，大海又慷慨地把它最瑰丽的一面展现给了今天的人们。

混沌未分天地乱，茫茫渺渺无人见。
自从盘古破鸿蒙，开辟从兹清浊辨。

　　那么，这块天下奇石是从何而来的呢？是盘古开天辟地时遗留下来的？是它吸取天真地秀、日精月华而自己练就的？

　　首先是形成时间。

　　有地质学家说，龟裂石萌芽于6亿多年前的新元古代震旦纪晚期；有地质学家说，不对，是萌芽于5亿多年前的古生代寒武纪早期。但不管是震旦纪还是寒武纪，都属于宇宙洪荒之时，那年代遥远得让现代人无法想象和计算。

　　其次是形成原因。

　　地质学家们一直在研究分析，绞尽脑汁，也有过许多种的解释，归结起来，主要有两种阐释成因的理论体系。

1

　　一是"干裂构造说"。

　　1985年，北京大学地质学系教授张淑媛慕名来到金石滩。因为患有严重的眼疾，当时已经接近失明的张淑媛，在她丈夫——国家地震局分析预报中心研究员马宗晋的搀扶下，蹒跚地来到了海边那块龟裂石跟前。张淑媛用颤抖的手指抚摸着龟裂石上的龟裂纹理，嘴里喃喃地念叨着：我看见了，这块龟裂石是红色的，它真的是太美了……

在龟裂石面前，她几乎是贴在石板上细细地看，一边看一边不停地向大家讲自己的想法和观点：这里真的应该建一座地质博物馆，不能让这块国宝一样的石头在海边风餐露宿，不能让它遭受到风吹日晒。

回到北京之后，张淑媛也一再向中国地质科学研究部门呼吁，要在金石滩举行世界地质年会。真的没有比金石滩再合适的地方了，金石滩应该让所有搞地质的人知道、了解。

但回到北京不久，她就因病带着遗憾离开了人世。

1987年5月，在中国科学院7位学部委员的倡导下，终于召开了金石滩地学美学研讨会。这个研讨会是一次盛会，全国近30名地质学界的专家学者会聚金石滩，中央美术学院原院长古元和雕塑家傅天仇也出席了这个研讨会。

在这个研讨会上，北京大学地质学系教授郑沏宣读了一篇论文，标题是《金石滩的龟裂石》。

在正式宣读论文前，郑沏教授满怀深情地说，他是受张淑媛教授之托，是为她完成未竟的心愿而写下的这篇论文，并代表她在这里向大家宣读：

　　龟裂石是一块形成于6亿年前震旦纪时期的石头，6亿年前，我们这颗星球尚不存在生命。但是，在6亿年前，我们的地球却进入了快节奏的运行时刻。这个时期的地球就像一个进入了青春期的少男少女一样。在震旦纪，我们今天能看到的当时的气象状况，就是在这块龟裂石上。当时地球上的沼泽让炽热的太阳暴晒，产生深达1米的裂痕。当这片沼泽沉进地下变成了沉积岩时，却完好无损地保存了当时地层的颜色，那是最醒目的红色。

　　震旦纪，是一个让人兴奋不已的地质时期。在震旦纪，地球是红颜色的。那是生命的象征，今天的人们依然喜欢用红颜色象征生命。我认为，我们生活在这颗星球上生物的血为什么是红颜色的？就是因为对那个纪元的记忆——其实，龟裂石并不是什么珍稀物，不过是沉积岩的标本。但是，像金石滩这块龟裂石这样有着这样美丽颜色的，这样具有个性的，在全世界大约仅此而已。

　　……

他的发言之后，是一阵热烈的掌声。

他们，就是龟裂石"干裂构造说"的支持者。

"干裂构造说"认为：

在距今6亿多年前的新元古代震旦纪晚期，这里属于亚欧板块中朝准地台的胶辽古陆，那时的太阳十分炽热，也许就是中国神话中

后羿射日的年代吧。

热到什么程度呢？胶辽古陆上原本是一大片沼泽，就是在那个时期被暴晒出几米深的裂缝。后来，这里又发生了强烈的地壳运动，于是这片沼泽地层下沉到古黄海湖的湖底，它的裂缝被沙石泥浆逐渐填满，后来涌进来的海水中有大量的绿藻混合在含有钙质的泥浆中，随海水乘虚而入，然后形成了沉积岩。又经过不知多少亿万年，山崩地裂，海进海退，这片岩石又露出了地表而成为高崖，才形成了龟裂石岩层。

龟裂石形成机理的"干裂构造说"，是地质学界最先解释龟裂石成因的说法，也是目前地质学界最普遍、认同程度最高的一种说法。

2

二是"泄水脉构造说"。

1985年冬，中国地质科学院的乔秀夫、许志琴、宋天锐等人来到金石滩海岸进行地质考察。经过考察之后，他们回去向国务院旅游领导小组提交了一份关于《构成金石滩海岸岩石及变形的科学意义与风景价值》的报告，建议将金石滩海岸列为国家级风景区，建设开发成为科学旅游区。

在1985年之后的几年中，乔秀夫几乎每年都有7至10天的时间来到金石滩考察。1989年，在他的努力下，中国地质科学院拨款为课题"金石滩风景地质"立项，此后这个项目又得到国家自然科学基金的资助。

1990年10月12日到18日，中国地质学会构造地质专业委员会主持召开了大连地区构造变形（附沉积地质学）现场讨论会，与会人员考察了金石滩、龙王庙以及大黑山响水寺。乔秀夫在会上介绍了他的研究成果并为大家担任导游。

乔秀夫说，金石滩岩石经历了长达7亿年之久的复杂变迁，经受了各种灾难与中生代时期惊天动地的变动之后，才被雕塑成丰富多彩与迷人的海岸地貌与景观。这位伟大的神力艺术家就是大海。

会后，乔秀夫主编了一本简要的考察指南——《大连金石滩——龙王庙沉积地质与构造变形》。1991年他又写出了《金石滩风景地质》初稿。初稿完成后，有关领导和专家认为，书中有许多新意与新的认识，建议将这个项目成果写成一本学科性的专著，于是乔秀夫与其他几位重新执笔，写成了《辽东半岛南部震旦系–下寒武统成因地层——附大连市金石滩海岸国家级风景区旅游导游》一书，1996年由科学出版社正式出版。

这本书的第13章，即是《史前旅游——金石滩海岸风景地质（沉积学）导游》。乔秀夫不仅对金石滩一些景点从沉积学的角度给予了科学解释，而且还考虑到趣味性、通俗性、审美性与科学性的结合。

可以说，乔秀夫的专业理论为金石滩地质之美奠定了一个理论基础。

乔秀夫在书中说：

在众多工作过的地区，没有一个地区像金石滩这样吸引我们。1986年以来，多次赴金石滩地区考察，每次都有新的认识与激动的发现，促使再次拜访它。我们总是不约而同地将全部热情与金石滩的岩石、变形与远古的地史融合在一起。一种眷恋与对已流逝的距今7亿年地史岁月的回忆是每次结束野外考察时的心情。我们相信，你若有机

210

会沿着金石滩陡峭的海岸旅游与考察，留给你的印象将是终生难以忘却的。

乔秀夫就是"泄水脉构造说"的代表。

他认为：龟裂石的裂纹是一种泄水脉构造。也就是说，当时的沉积岩岩石是在半塑性的状态下，由于强烈的地震作用，而产生了一种垂直层面的裂隙。打个比方，就像一块贴膜的钢化玻璃受到外力突然裂成许多不规则的碎片，但又是连在一起的。这时，饱含水的泥沙脉便向这些裂隙运移填充，随着震动的加剧，泥沙脉不断生长，使两端岩层弯曲、断裂，最终在岩层上表现为形似干裂的网格状纹理。

这一说法也并非地质学家凭空臆测。近几年来，震积岩、风暴岩都在金石滩被发现了，说明这里的地壳活动曾经非常活跃，有过强烈的地震、海啸等大型地质事件发生。这些成为"泄水脉构造说"的有力佐证。而且越来越多的人开始认同这种说法。

两种地学理论孰是孰非呢？

对于我们一般读者来说，他们的争论纯属于神仙打架，一般人根本插不上嘴。

因为太专业，太抽象，太高冷，我们听来都是一头雾水。

总之，龟裂石以一身纵纵横横的金线，无意中编织出了6亿年来的地球日历，携带来了远古时空变迁的密码。我想，即使再高明的地质学家、历史学家，也很难完全破译6亿年前的那个秘密吧。因为它太遥远了，所以，这个秘密最终只能属于金石滩，属于地球变迁史。两种地学阐释理论的是非已无关紧要，重要的是，龟裂石是唯一的。

正因为神秘、瑰丽、奇绝，作为游客，许多人一到金石滩，首先就想去欣赏这块龟裂石。

初来金石滩的人，到哪儿去寻找这块奇石呢？

龟裂石位于金石滩东部景区的最南端，一般游客或从金石高尔夫球场进去，或沿着地质公园海岸线那条路走过去，走着走着，一片苍松掩映的橘红色陡崖迎面铺开，山崖下石阶的围栏中，那块美丽的龟裂石就端庄、大方、华贵地呈现在人们面前。

夕阳里，它好似身披一袭红色袈裟的入定老僧仰卧在陡崖下，浑身闪烁着仙姿神韵。虽然1994年8月14日的那一场台风造成龟裂石岩体部分碎裂，但它仍然是目前世界上发现的断面结构最清晰的沉积岩标本。

在金石滩，这一片海岸又被称为鳌滩，而龟裂石即龟背石，正是鳌滩得名的一个重要原因。

附带说一下，过去鳌滩这里曾有一个看石老人叫张万玉，老爷子那时虽已年过古稀，却是一副矍铄神态：紫红色的脸庞，笔直的腰板，豁亮的嗓门。每当有游客来访，老爷子就兴奋地踱到石前，操着地道的海蛎子腔调，连指带比画地讲起这块龟裂石是什么时候发现的，价值何在，哪年遭台风碎裂的……多年与此石相守，让他讲起话来眉飞色舞，对龟裂石朴实的感情中透出让人无法回避的感动。

可惜这些年再去却看不到老人了。

同时，在这里观看龟裂石这一景观，必须要和周围的岩石地貌结合起来。

因为龟裂石并非是一个独立的个体，除了在这块断裂下来的标本上可见到龟裂石的纵向层面之外，我们还可在其背后陡峭的悬崖上看到其波浪起伏的横断面。也就是说，这块龟裂石仅仅是该地层中的泥裂层的一小部分，如果沿悬崖泥裂层面进行剥离揭露，必定会有更加恢宏而又壮观的龟裂石埋藏在这里。

它们什么时候还会露面呢？也许在等待着一个合适的时机吧。

总之，这块龟裂石从此便绚丽得一发不可收拾，大连金石滩也因有龟裂石而闻名遐迩。许多人都说，金石滩的发现与发展首先就是起源于这一块神奇的石头。因为先有了这块天下奇石，当年辽东半岛的金县满家滩小镇才能化蛹为蝶，成功蜕变为中国第一个国家级旅游度假区。也因为这块奇石，很多很多人的命运随之而改变。

龟裂石是一扇回望远哉遥遥的太古世界的窗户。面对这一块灵

石，无异于展读一部再现我们这个地球经历的波惊浪诡的史诗，通过它可以叩问亿万年前那奇突、神秘的岁月。

古代剑客有"十年磨一剑"之说，而大自然则将数亿年的心血倾洒于一处，终于铸就了鳌滩上的这块龟裂石。

它是金石滩的镇滩之宝，其实它更应该成为大连的一个标志、一张名片。

恐龙探海、贝多芬头像、大鹏展翅乃至发现王国、万福鼎，等等，都可以是金石滩的一个标志，但是，它们都比不了龟裂石。

龟裂石不可替代，因为它是唯一的。

遗憾的是，我们一些介绍大连旅游的书籍和资料大多宣传的都是一些新建的人文景观，忽略甚至忘记了龟裂石，看不到有关它的介绍。

地球上有许多壮丽的自然景观，基本上都是岩石在亿万年的地质环境中不断变化雕琢而形成的。

如澳大利亚墨尔本海岸的十二门徒石；

如韩国济州岛的龙头岩；

如台湾野柳地质公园的奇岩怪石；

如云南喀斯特地貌的石灰岩石林……

总之，大自然的鬼斧神工风雕浪塑亿万年，才有了金石滩的龟裂石。

3

只要有远道来的尤其是北边来的朋友，我总是想带他们到金石滩去看海。

从市区出发一路向北，驰骋在绿色的辽河路快速干道上，沐浴着蓝色的习习海风，一下子就吹散了在喧嚣都市里呼吸的雾霾和纤尘浊气。而一走进金石滩，我的心里就开始湿润和滋润起来。

　　走过建设中的小窑湾、走过标志性的大帆船之后，满眼的绿地、蓝天、海鸥、沙滩、校园、别墅……马上就会唤醒你心中沉寂多年的躁动；而五彩斑斓的现代建筑、一张张青春洋溢的笑脸，都会温暖着你一颗驿动的心……

　　到金石滩，我不是不喜欢在十里黄金海岸冲波逐浪，不是不喜欢那明丽的阳光和松软的沙滩，更不是不喜欢看比基尼美女和玩沙堆塔的孩子，虽然那真是视觉的饕餮大餐。

　　但我更喜欢的是，带着朋友走东部紧邻海岸线的国家地质公园

那条海岸观光路线，就是黄嘴子湾东侧海岬角的岸边，那一条路线是看海岸线的海蚀地貌和地质景观的路线。

更具体地说，就是沿着有"大连滨海国家地质公园"石碑标志的小广场东面那条木栈道走进去。那个小广场也是坐落在恐龙探海的那条"龙"背上的广场，在这里沿木栈道向东北方向开始前行，最前面是阿拉伯城堡和情人湾，浪漫的气息和韵味渐浓——因为有一条情侣小道和情人湾浴场。

慢慢地走，慢慢地欣赏。

而恐龙探海景观也一定要从东面往西面看才感觉像，从远处看才有感觉，越远看越像。

摄影发烧友走这条路线来拍恐龙探海和将军石的角度也最好。再往前走，接下来是体量巨大、保存完好的褶皱山体，因外形像一个巨大的大连电视台台标而知名。然后是丹崖史书，红色的岩石和黄色岩石相间，犹如一幅远古的精美画卷。然后是金蛙峰、虎啸崖、狐仙洞、河马上岸，等等，一直走到蟹将出洞……

边走边小心翼翼地观察吧，睁大眼睛，不要害怕穿越到远古的震旦纪，不要害怕凶猛的恐龙和猛犸象，因为它们已经在瞬间就被诸神凝固了。

最后到达的就是前面说到的

名闻天下的那块龟裂石。

这是一条金石滩滨海奇石的景观走廊。

行走在这条路线上，虽然此身没在大剧院，身边没有交响乐团，可心里总隐隐有古典音乐的旋律，是柴可夫斯基还是贝多芬，是莫扎特还是肖邦，那就看每个人的体验了。

这里，"金"永恒，"石"沉默，唯有"滩"是喧闹的，那里是现实版的《清明上河图》。

走这条路线的时候要提醒一点的是，这条路线的海崖上面就是金石高尔夫球场。从电子地图上看，那是一块翡翠似的绿地。世界高尔夫界著名的魔鬼球道七号洞就在那里。在这条路线上走，偶尔会捡到一些白色的高尔夫球，也算是给你的小彩蛋吧。

喀斯特——诸神的《清明上河图》

在希腊神话中，有很多海神，不仅仅是我们熟知的波塞冬，还有普罗透斯、俄刻阿诺斯、泰西斯，等等。

例如泰西斯就是希腊神话中最早的海洋女神。在希腊语中泰西斯也是"祖母"的意思，因为她与大洋神俄刻阿诺斯生下的众多子女里，每一个孩子都代表着小溪、河流或者大海。

中国神话里有许多龙王和水神，东、南、西、北四海都由龙王管辖。东海龙王敖广、南海龙王敖钦、西海龙王敖闰、北海龙王敖顺都已成为妇孺皆知的水神。

无论是诸多水神还是龙王，他们的宫殿都是神秘的、深不可测的。可到了金石滩，却有把大海中的神秘宫殿打开了让人看的感觉：

一只霸王龙傲睨一切地来到海边吸水；

老海龟悄悄地爬上岸来，与贪玩叛逆不回家的小龟对峙凝视；

一只金蛙跳到岸上，却再也没有回去；

古猿挤眉弄眼，一脸的狡黠，看着怒放的叠层石玫瑰……

1

很多次，置身在这个凝固了的史前动物世界里，望着那若明若晦的云空、寂静而野旷的海面，这里给我一种深大、神秘、荒远的感觉。亿万年前，这些年轻的生命，这样热烈的场面，为什么会在那一刻突然沉默了？

一位老雕塑家说，金石滩是一座神力雕塑公园。

我说，金石滩更是诸神的《清明上河图》。

说到神，那么自然应该是有着奇大无比的力量之神、众神之神。那我们会联想到谁呢？

希腊神话里的混沌之神卡俄斯，还是大地女神盖娅？

中国神话里"炼五色石以补苍天，断鳌足以立四极，杀黑龙以济冀州，积芦灰以止淫水。苍天补，四极正，淫水涸，冀州平，狡虫死，颛民生"的女娲？

还是怒触不周山，"天柱折，地维绝。天倾西北，故日月星辰移焉；地不满东南，故水潦尘埃归焉"的共工？

抑或是太阳神羲和？还是那个性情暴烈的战神蚩尤？

也可能，是他们共同的作品呢。

我希望是诸神合作，因此才在这里诞生了海上的《清明上

河图》。

现在越来越多的人熟悉了一个概念，就是地质遗迹。

地球在漫长的地质历史演变过程中，由于内外力的地质作用，形成了千姿百态的地貌景观、地层剖面、地质构造、古人类遗址、古生物化石、矿物、岩石、水体和地质灾害遗迹等，其中具有独特性和典型价值的便成为人类所关注的地质遗迹。

我们匆匆忙忙兴高采烈地出国或者跨省旅行，看到的那些绝佳美景，例如美国的科罗拉多大峡谷、澳大利亚墨尔本海岸的十二门徒石、南非的桌山和海湾，以及中国石灰岩岩溶地貌的桂林山水、石英砂岩峰林地貌的张家界和其他诸多地质作用形成的天坑地穴，等等，都是地质遗迹。

地质遗迹，依其形成原因、自然属性等，可分为下列6种类型：

1. 标准地质剖面；

2. 著名古生物化石遗址；

3. 典型地质与地貌景观；

4. 地质构造形迹；

5. 特大型矿床；

6. 地质灾害遗迹。

金石滩的景观可以涵盖几种类型，但更突出的是第六种，因为这里主要是震旦系–寒武系地层中的地震遗迹造成的奇异景观。

因此，人们说金石滩是天工奇观，是神力雕塑公园。其实真正具有神力的应该是大地和海洋，还有雷公电母和风神雨婆等来助力发威。

当轰轰烈烈的地质巨变结束之后，这里的山海呈现出新格局和新面貌：忽然之间，黄海岸边悬崖陡峭，岬湾如月，沉积地貌，奇石怪礁……一切都沉浸在原始的寂静中。

2

说金石滩是《清明上河图》，主要还是因为这里有金石园。

在旅游界有这样一句顺口溜："北京看墙头，西安看坟头，上海看人头，杭州看粉头，桂林看山头。"而在金石滩，看的是石头。

如果你是第一次来金石滩看海，那么在整个金石滩的黄金海岸线上，倘若以奇石为景点，从西向东依次有序排开的是金石园、玫瑰园、恐龙园、南秀园、鳌滩园。

想看金石滩这一部大书，需要一页一页地翻开来慢慢品读，那么你翻开的第一页就应该是金石园。

金石园约5万平方米，这里的沉积岩秀峭而峥嵘，岩石形态千奇百怪。来过金石园的游客，初进去时也许会以为这没什么啊，待到真的进去走了一遍才发现，这就是北方的一个石林啊。这里的石头与云南的石林和南方的拙政园、留园、豫园等园林的石头相比又不一样，完全是北方汉子的气质和形态。

走进去看，说这里像一支潜伏的军队也行，说似一座石堡幽城也行。各种纹理、颜色的石头纠缠在一起，虽然有的名字起得一般，但景观的确不假。园林里后加入了一些绿色植被如龙柏、沙地柏和芙蓉，可惜还是有点儿少，有点儿不成比例。

尽管如此，这里的确呈现出一幅气势雄伟、蔚为壮观的美景，过去一些人称之为"凝固的动物世界"和"北国石林"，其实我认为，称之为北方的《清明上河图》更贴切一些。

金石园是如何形成的呢？

通俗地讲，约在2亿年以前，这里还是一片汪洋大海，已经沉积了许多厚厚的石灰岩。经过后来的地壳构造运动，这些岩石露出了海面。约在200万年以前，由于石灰岩的溶解作用，加之海蚀风化，坚硬的岩石终于被打磨成今天的模样。再后来，海水退去，这些礁石一个个露出了海平线，站到了陆地上。又不知过了多少年，日积月累的泥沙又把它们埋没到地下。

直到20世纪末那不经意的一铲，于是亿万年前打造的这些奇石终于重见天日。

那时，这里还是金石滩旅游度假区一处不起眼的小山坡而已。

1995年秋，这片土地按金石滩管委会的规划，准备建一座星级酒店。施工单位的推土机轰鸣着，开始平整这块场地，结果刚开始就推出了一块圆咕隆咚、十分奇特的大石头。

再推，又一块大石头。这样接二连三挖出好几块，而且块块见头不见根。施工人员于是在石头上打上了炮眼，准备实施爆破，炸掉这些埋在地下的石头，好打地基、盖酒店。

这时，金石滩管委会负责施工的同志过来看到了这个情况，他们知道，金石滩的石头可都不是那么简单的，从这里已经露出的石头的一角看，它们都带着金黄的颜色，纹理造型很不一般，不像普通岩石。他们让施工队伍停下来，以人工的方式往下挖掘，结果石头越发奇异了，造型更加瑰丽。于是他们断定，这地下埋藏的可不是一般的石头，肯定是一大片与海上奇石有着异曲同工之妙的岩层。

223

金石滩管委会果断地将这个项目停了下来，尝试着用人工进行挖掘。他们的猜测没有错，这地下埋藏的是一大片最原始的奇石园林。

石头的造型没有规则，奇特而玲珑，用大型机械挖掘，对奇石肯定会造成损害，因此只能纯手工操作了。于是从那时开始，几乎每天下午，金石滩管委会工作人员还有驻区各个单位的人员，大家齐聚现场，挥起铁锹，抡起镐头，像愚公移山似的开始挖掘这地下的奇石。

这个举动也感动了许多人，社会各界纷纷行动起来，连驻军部队的官兵们也加入到了这个行列里，每个星期天大伙都要来这里进行义务劳动。经过半年的坚持不懈，足有5万平方米的一大片奇石园林终于出现在了游人面前。又用了将近3年时间，才最终建设完成这座全是石头的园林。

据说，园林刚刚清理完时，由于石头上还带有黄色的土壤，整个岩石群就像金子一样闪着耀眼的光芒，金石园遂因此而得名。时任全国人大常委会副委员长的王光英同志亲笔为金石园题写了园名。

这一片石头园林是非常幸运的，幸运的是它们没被愚昧的人炸掉，因此也是地质遗迹保护的一个成功案例。

地质学家们说，金石园的岩石是纹层状泥质灰岩。

这里的灰岩细层都是厘米级甚至毫米级的，掀开可以像纸张一样铺展在这里，从这里就能看出所谓沉积岩是怎样一点儿一点儿沉积形成的了。

地质学家们经过研究得出结论说，这里是一种较深水环境的沉积，在这里每形成1毫米的岩石沉积，大约就需要2万年。所以说，金石园石头的年轮可是以2万年为单位的，2万年才1厘米，可以想象，人类的历史在地球的发展史上是多么短暂！

这种纹层状的沉积岩石头，也有人叫它"千层饼"。正像鳌滩

的彩色条形石崖有人叫它"五花肉"一样。

千层饼配上五花肉，岂不是给观赏金石滩美景的游人奉送了一道美食佳肴吗？

最后要提醒游人的是，游金石园时，尤其是小孩子，不要贸然深入，以免找不到归途。因为这里面的路径类似于一个八卦迷阵，

　　虽然园区不是很大，但在那大大小小奇石之间的狭道里，人看不到外面和四周的情景，就很难绕出来。置身园中，走在自然形成的岩石缝隙之间，穿过一个个溶洞，欣赏着千奇百怪的奇石，可以领略到曲径通幽、别有洞天的感觉。

　　关于金石园的成因曾有一个争论，就是这里到底是海蚀地貌还是岩溶地貌。

　　开始一些人认为金石园是海蚀地貌，因为整个金石滩景观里最多的就是基岩海岸的海蚀地貌，我们现在看到的海蚀崖、海蚀柱、海蚀洞，海蚀残丘等，都是海蚀的功绩。

　　但后来地质学家们则认为，金石园这里应该是岩溶地貌，岩溶地貌即著名的"造景大师"——喀斯特地貌。

　　如果是海蚀地貌，形成时海水就会冲刷掉埋在石头上及缝隙间的泥土，而且海蚀作用只能是对一个方向的岩石起作用，不会形成金石园曲曲折折的溶洞和溶沟，所以金石园的地貌特征不符合海蚀地貌的特征。

　　金石滩有这样的一座石头园林，首先因为这里的岩石是石灰岩。

　　石灰岩虽然也十分坚硬，但它是一种可溶性岩石。它的主要成分碳酸钙能慢慢溶解在含酸的水中。同时石灰岩本身也有孔隙，构造运动又会造成岩石的裂隙，雨水、地下水和河水会缓慢地渗透到这些孔隙之中，使小孔隙变大，使大裂隙又彼此连通。蝼蚁之穴可溃千里之堤，在以亿万年计的地质年代中，水就这样不断地改变着石灰岩的原始地貌。

这是金石园岩溶地貌形成的先决条件。

其次是气候的因素。

在距今6000万年前的第三纪时期，辽南属于亚热带气候，降水较多。大量的降水使地表径流量增大，水的溶蚀力强，就加快了岩石的溶解速度。

金石园内有许多大大小小的洞穴，都是地下水沿着可溶性岩石的层面、节理或断层水平流动进行溶蚀和侵蚀而形成的地下孔道。当地下水沿着可溶性岩石的较小裂缝和孔道流动时，其运动速度很慢，这时只能发生溶蚀作用。随着裂隙的不断扩大，地下水除继续发生溶蚀作用外，还产生了机械侵蚀作用，使地下孔道迅速扩大为洞穴。

金石园的这种喀斯特地貌在北方地区非常非常少见，是北方最典型的岩溶地貌。一说到喀斯特地貌，我们就会联想到云南著名的石林景观，那里是一个很火的旅游景点，但是云南石林和金石滩的金石园相比，还年轻得多，在地质史上是小字辈。金石园的喀斯特地貌更像一个饱经风霜的老人，形成的时间要比云南石林漫长了许多。

形成金石园这样的岩溶地貌，条件是非常苛刻的，从这个角度来

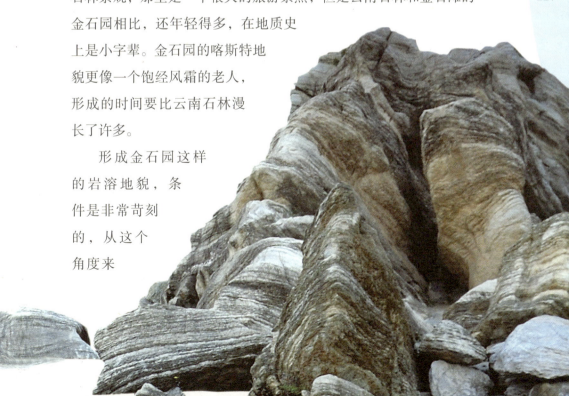

说，金石园也是被大自然钟爱的一个宠儿。

金石园不仅有利于全民科普活动的开展，而且具有非常高的观赏价值，好看的岩石形态能吸引更多的游人来参观研究。在地质科学方面，金石园也对研究大连地区第三纪时期的古地貌、古地理、海平面的变化等方面有着非常高的科学价值。

古岩溶地貌，又称古喀斯特地貌。

喀斯特，听起来很怪的名字，它本是斯洛文尼亚西部与意大利交界处一个石灰岩高原的名称，当地人称为Kras，意为岩石裸露的地方。喀斯特（Karst）地貌因对其的研究发轫于该地而得名。

喀斯特地貌由于其独特的地貌特征和地质条件，经常容易产出类型各异的风景区。例如惊险的地下河（本溪水洞），例如大山洞穴里奇形怪状的石钟乳、石笋、石柱、石瀑布（张家界黄龙洞），例如地表常见的石林（张家界）、溶沟、落水洞、溶蚀洼地，等等，都是喀斯特地貌形态。

229

金石园的那些纹层状泥质灰岩，如果按人的品质来形容，就是属于吃软不吃硬的性格。大自然用水来软磨硬泡它，最终就是"水滴石穿"，雕塑成了独特的海上喀斯特地貌。

海蚀地貌的雕塑过程常常是用那排山倒海之势的海浪来冲刷海岸的，相比之下，喀斯特地貌的溶蚀过程从表面看就显得极为平静，甚至不动声色。于是坚硬的石灰岩就被水一点儿一点儿地穿透，由小孔变成大洞。中国南方园林多有所谓的玲珑怪石，大都是被溶蚀了的石灰岩，这些天然造化是人类任何能工巧匠都无法企及的。

金石园与龟裂石的形成属于地球史上的同一时期，它们不仅再现了几亿年前大自然稀有的气势磅礴的壮丽景观，而且为地质考察，如深入了解古地理环境、地质地貌形成的年代、地质变化、地壳运动等提供了科学依据。

玫瑰石——海藻的"凤凰涅槃"

1

在一般人看来，所谓玫瑰园，一定是位于城市一隅，一片片一簇簇花蕾在阳光下竞放的鲜花园。园里略呈螺旋式绽开的玫瑰花朵，像小小酒杯，像女人笑颜，美丽芬芳。园内百鸟齐鸣，蜜蜂吟唱，并且有一群群俊男靓女在玫瑰前倾诉他们火热的爱情，许下海誓山盟。

但是，位于大连金石滩的玫瑰园却远远超乎了人们的想象。

游人来到玫瑰园后，首先映入眼帘的是一个高约10米的花岗岩石碑，上面是鲜红颜色的"玫瑰园"三个行楷大字。

绕过石碑，再向前行50余步，穿过一片小树丛来到海边，沿海边的台阶而下，就会走进一片礁石的深处。

这一片礁石与其他地方的不同，颜色不同，形状不同，纹理也不同。细细看来，这里的礁石上竟然怒放着一簇簇的"玫瑰"，白色的线条勾勒出玫瑰的花瓣，惟妙惟肖，更巧妙的是，还有一块像心形的岩石，上面也开满了这样的"玫瑰"，更契合玫瑰象征着爱情的寓意。

还有两块并肩而立的石头被称为"玫瑰情侣"，因为从侧面看就像一男一女在注视着同一方向。

这里说的玫瑰，是千万年绽放如一的石头玫瑰，又叫玫瑰石，而且原来还都是红玫瑰。

关于红玫瑰，古希腊神话中有一则缠绵悱恻的传说。爱与美之神阿佛洛狄忒的情人、春季植物之神、美男子阿多尼斯打猎时，不幸被野猪所伤。女神闻讯后丧魂落魄地向阿多尼斯遇难处奔去，途中玫瑰花刺刺伤了她的双脚。鲜血滴在花上，于是白玫瑰变成了红玫瑰。因此，红玫瑰成为爱情的象征。

但是，金石滩玫瑰园的红玫瑰并非鲜红色。在前些年，玫瑰颜色是比现在更红、更漂亮的，因为环境的变化和不确定因素影响，现在这些石头玫瑰的颜色有些变淡、变白或变灰了。

换言之，玫瑰没有以前那么娇艳了。

玫瑰园的位置在金石滩的南部海滨，如果你是从恐龙探海上面的观海平台往回走，即从东往西走，沿海岸线的滨海公路南侧有一条人行步道，步道虽然有些窄仄，但平时行人并不多，因此可一边观海一边漫步，非常惬意，走十几分钟就会看到玫瑰园。

　　遍布在玫瑰园这片海滩上的玫瑰石，有尖菱形的，有三角形的，有瓦片形的……这些岩石有玫瑰色、黑灰色、乳黄色、白色的，远处还有绿色的和紫色的……各种形状、各种颜色的石头层层叠叠地聚在了一起，远远望去，犹如一片在碧海蓝天中含苞欲放的玫瑰。

　　1985年，著名作家老舍的夫人亦是画家的胡絜青，到此参观后十分激动，挥笔为这一片海滩题写了"玫瑰园"三个字，也就是现在石碑上的题字。在这片景区里，还有石猴观海、猛虎回头、海龟上岸、群鲸登陆、哮天犬等象形石。

　　为什么为这里的石头起了玫瑰石这么浪漫的一个名字呢？

　　玫瑰石名称的来源主要有二，一是石上藻类的形状像一朵朵盛开的玫瑰花，二是岩石的颜色呈鲜艳的玫瑰色。

　　这种沉积岩在地质学上应该叫叠层石，其主要成分是藻灰岩。

　　因为它是由很小的古海藻化石沉积而成的，所以也有地质学家呼吁，叠层石应该改名叫"微生物岩"。原来，这与众不同的花园就是小小的海藻花了数亿年的时间为我们打造的景观。

　　玫瑰园与金石园相比，面积要小，但有些游客说，它比金石园更好看。可惜紧挨着玫瑰园的就是养殖区，一些养殖业的建筑物和缆绳杂物等都堆放在附近，让游客感觉不和谐、不舒服。

　　海洋里的绿藻是一切植物、一切生命的祖先。

　　在距今25亿年前，海洋中就开始有藻类出现，开始进行真正的光合作用，这是地球环境里程碑式的革命飞跃。

在距今6亿年前的新元古代震旦纪，那个时期正是海洋无脊椎动物大爆发的前夜。藻类则达到鼎盛期，当时的海洋里，到处都是藻礁或藻席。

那时，蓝绿色的海藻黏液已经覆盖了浅海海底，而海面上则长出了毛茸茸、密麻麻的红藻。红藻的形状有丝状、分枝状、羽状或片状，与现在我们食用的紫菜、掌状红皮藻基本相似。

这些能大量繁生并造礁的微生物后来又渐渐被海水中含钙质的软泥所填充包围，于是它们形成了复杂的组合，慢慢沉积到海底之后变成了藻灰岩；再经过亿万年的变质沉积，最后形成了紫色的大理石；经过地壳运动，又把它们抬升翻腾到地面上；再经过风化磨蚀，终于成了今天我们见到的叠层石即玫瑰石。

叠层石，是地质学家的专业术语；玫瑰石，是老百姓的形象语言。

叠层石是藻类活动和沉积作用相结合的产物，也可以说，叠层石是地球生物构建的首批工程。

是大海，把最柔软的海藻变成了最坚硬的岩石。

那么，更加令人们惊奇的叠层石的玫瑰花形状又是怎样形成的呢？

所谓叠层石，自然就是岩石一层一层叠合在一起，明暗相间。蓝藻与绿藻和矿物质交互沉积，于是形成一层叠一层或一层套一层的沉积构造。展现出花瓣状纹理的是叠层石柱体的横剖面，藻类和杂质的沉积层交替着，像树木的年轮一样。而藻类的沉积层抗风化能力比较强，柱体周边的杂质抗风化能力比较弱，这就形成了横剖面表面的差异风化，将纹层部分及柱体部分凸显出来，就形成了一片片的花瓣。

金石滩玫瑰园叠层石由细密的碳酸钙、碳酸钙镁和硅质岩组成。其中，红色是由于岩石中含有丰富的铁质成分，这些铁质经过氧化反应（化学风化作用），就变成了红色的氧化铁，于是我们就看到了玫瑰园中那艳丽的颜色。现在，由于表面风化作用，一些原本是红色的叠层石色彩渐渐变淡了。

这不免让人感觉遗憾而无奈。

说起来，金石滩许多景观都与爱情、浪漫有缘。例如金石园寓意情之所至，金石为开；恐龙园有情侣小路、情人湾；而这里的玫瑰石则是一个浪漫的象征，所以玫瑰园非常容易成为婚纱摄影的基地和情侣度假的区域。

金石滩玫瑰园的奇特在于，很多玫瑰

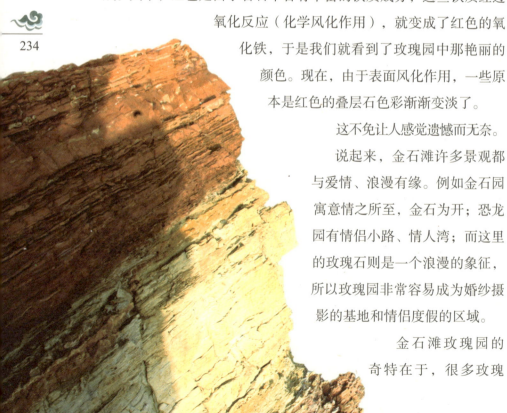

石的纹理真的宛若玫瑰的花瓣。总会有游人沿海边小路而下，越过这些绽放的石头"花瓣"，走进充满奇迹的"花蕊"，循着花瓣和花蕊的空隙来寻找惊喜。他们时而颔首低眉仔细观察，时而轻轻叩击，当然想拿出一朵来好好端详。可是，这些玫瑰毕竟是绽放在石头上的，一层层，密匝匝，花瓣的顺序也是整齐划一的，全都朝着一个方向，从上到下完美排列，让人惊叹不已。

在经过距今4.17亿至3.5亿年的泥盆纪之后，叠层石开始衰落。目前只有澳大利亚的鲨鱼湾，中美洲、中东等地区一些人迹罕至的海湾和湖、河中，才有少量的叠层石被发现。

过去人们不懂得它在地质科学意义上的价值，只是见它石中生花，所以满家滩人当时又叫它"提花石"。因为它的颜色艳丽，常常又把它当作了建筑材料来开采，被施工队伍买去用作装饰材料，并美其名曰"东北红"，或者叫"金县大理石"。据说，北京一些大型建筑就用过这种叫"东北红"的"大理石"。

呜呼！愚昧的年代，我们究竟犯过多少错，毁了多少地质景观啊！

2

一般游人来金石滩玩，如果不是去下海游泳，常常会选择先到恐龙探海的观景平台，在这里看海拍照。

恐龙探海景观实际是一座面南背北的海崖。这一海崖好像不屑于与周围这些海兽相戏的史前巨兽一样，独自傲然耸立，只见它把粗大的鼻子插入海中，大有一口喝干海水之势，所以最早人们就叫它"金县的象鼻山"。

后来因为与桂林的象鼻山有重复之嫌，再细观察，这块象形石

又不完全像大象，于是它被改名为恐龙探海。因为古黄海大陆区域的确有过很多恐龙，而且从造型上看，它也更接近于恐龙的造型。

恐龙探海景观高40余米，大有气吞山河的气概。龙颈处如一座拱桥，涨潮时下边可以行舟，退潮时可以行人。如果你走进这座拱桥的孔洞中，会发现洞高竟然有20多米，就像步入一间宏伟的大厅。

当然，绝大多数游客来到金石滩是没有可能进入这间大厅的，因为要等到落潮，要下海里绕过去，很麻烦。

从地质学的角度讲，这是一座典型的海蚀拱桥，又称海蚀穹，是基岩海岸的一种海蚀地貌形态。

原来，这里是一个伸向海里的陡峭山嘴，或者叫海岬角，因被海浪两面夹攻，腹背受击，两侧岩石受到亿万年的剧烈冲蚀，逐渐产生出一个海蚀洞窟，后来海浪把洞窟逐渐冲刷扩大，两面贯穿，便成为一个巨大的洞孔，远观就是一座天然拱桥。

传说，恐龙探海下面还隐藏着一个淡水泉眼，饮其水可以延年益寿，被称为金石滩的"龙眼"。

这些美妙的传奇让海蚀地貌画廊栩栩如生，回味悠长。金石滩典型的海蚀穹不少，除了恐龙探海，它的西面很近的位置就有一个较小的，此外南秀园里还有蟹将出洞、刺猬觅食等类似的景观。

恐龙探海西侧是著名的贝多芬头像。

所谓头像，实际就是一处海蚀残丘。基岩海岸长期遭受海浪的侵蚀，不断后退，在其前方形成了基岩平坦台地，台地上常有坚硬岩石未被蚕食干净而残留，于是形成了四面环水的海蚀残丘，贝多芬头像是典型的一个。

在金石滩的开发初期，金石滩管委会曾经组织人员为它起了好几个名字：

最早金石滩人将它命名为"海神之子"；

大连学者于植元称之为"达摩面壁"；

美国客人则建议叫"华盛顿头像";

最后,定名为"贝多芬头像"。

贝多芬是德国著名的音乐家,维也纳古典乐派的代表人物之一,是集古典主义之大成、开浪漫主义之先河的伟大音乐家,创作的作品对音乐发展有着深远的影响,他由此被尊称为"乐圣"。

而这块在浅海中的大岩礁,极似一个神态生动的欧洲男子头颅侧面的剪影。你看,那满头卷曲的金发好似在海风中轻轻飘动,那

眼睛、那鼻子、那嘴巴和那粗壮的脖子都透露出一派艺术家的威严和气度。它日夜聆听着大海澎湃磅礴的乐章，所以被称为"贝多芬头像"极其妥帖。可以将它想象成一代音乐大师正站在滔滔黄海当中，指挥着一支庞大的大自然乐队，为我们演奏金石滩交响曲。

但是贝多芬头像这样的一块奇石，当年却差一点儿被渔民给炸了——想将此处开辟为养殖区，据说在石上都已经打好了两个炮眼，幸亏被大连市领导知道后制止了。

说金石滩壮美，恐龙探海是最好的代表和标志。

英国作家阿兰·德波顿认为：一种景观只有让人感到力量，一种大过人类甚至是威胁到人类的力量，才能称之为壮阔，即壮美。

在壮美的景观面前，人们会感到欣喜、兴奋、陶醉，也会深感到自身的渺小与脆弱，并且会平息自己的欲望。

据老金石滩人说，其实正对着恐龙探海处，原来就曾有一块高大的海蚀石，远看酷似一尊佛像，可惜它就没能逃脱被炸毁的厄运，现在已经化为虚无，真是令人痛心啊。

曾遭到厄运的还有南秀园，这里也曾有过爆破取石的事情，如今我们只能为没能很好地保护大自然的美丽馈赠而深感遗憾了。

金石滩的海蚀残丘除了贝多芬头像，还有刺猬觅食、大鹏展翅、相亲石等。

我在开发区采访时也听说过，在大孤山半岛的最南端，曾有一个叫小驴圈的小海湾，过去也有一大一小两个海蚀柱，被当地村民称为"老头与老婆"，现在也不见了。

3

海蚀地貌是金石滩最重要的景观，在这里有震旦纪的海蚀平台、海蚀残丘、海蚀拱桥、海蚀窗、海蚀石林……

海蚀，顾名思义，即海浪的侵蚀。海浪对海岸的侵蚀可形成许多海蚀地貌，但并不是所有海蚀地貌均具有观赏价值、旅游价值。因此，金石滩的姿态奇特、景色壮丽的海岸侵蚀地貌则可称为海蚀奇观。

海蚀作用侵袭的海岸通常会形成特有的海岸线地貌，一般常见的如海蚀崖、海蚀凹壁、波蚀棚、海蚀洞、海蚀拱门、海蚀柱，如遇地形抬升，还会形成海阶等海岸地形。

除了恐龙探海、贝多芬头像，金石滩典型的海蚀景观还有很多，例如南秀园的刺猬觅食。

刺猬觅食的外形酷似一只小刺猬在海边辛勤地觅食。它在地质形态上也属海蚀残丘。基岩海岸长期受海浪的侵蚀不断后退，在其

前方形成了基岩平坦台地，台地上常有坚硬的岩石未被吞噬干净而残留，于是形成了四面环水的海蚀残丘。

好莱坞著名导演斯皮尔伯格曾经执导过一部经典的科幻冒险电影《侏罗纪公园》，由此很多人才知道地球史上曾经有过一个叫"侏罗纪"的时期。

地球史上不仅有侏罗纪，还有震旦纪、寒武纪、三叠纪……通过金石滩，应该让更多的人知道震旦纪和寒武纪。

走进金石滩，你就走进了大自然的历史遗迹博览园，走进了一

个绚丽多彩的风景园。这个历史遗迹博览园讲的是地球还在少年时期——更准确地说是在震旦纪和寒武纪——的故事。现在看，大自然的造物主是有私心的，在绵亘的时间长河里，在塑造胶辽古陆的过程中，其将最浓烈、最绚烂的一笔重彩勾画在黄海金石滩的海岸上，其偏爱之心赫然袒露，毫不掩饰。

震旦纪是新元古代中最晚的一个纪。这一时期地球形成的地层又被称为震旦系，距今约6.8亿到5.43亿年，它之后是古生代早期的寒武纪。

震旦作为地层专名，始于德国著名的科学家李希霍芬男爵。

李希霍芬是一位德国的地质学家，他曾经来华完成过7次旅行，甚至还跋涉过大连地区。他对辽南的海滩和山地进行过饶有兴趣的考察，解读了瓦房店西北部的紫色砂岩，从此，大连有了以国际标准命名的上元古界地层永宁组砂岩。1871年，他提出"震旦"一词，把早古生代至元古代一大群以碳酸盐岩为主的地层命名为震旦系，并以北京南口出露的地层为标准。因为是在中国命名的，所以李希霍芬起的名字也跟中国沾边了。

说金石滩为什么要从那么遥远的震旦纪说起呢？

因为，金石滩许多奇石怪礁景观都萌芽或形成于震旦纪，都是地球在震旦纪时期播下的种子。显然，这些石头虽然默默无语，却是记录金石滩沧海桑田的地质史书。

地质学家们说，金石滩从整体上属于大型平卧褶皱的构造形态，其震旦纪的层位尤为独特。金石滩的海相沉积发育代表了我国北方沉积的特点，成为多个震旦纪岩石地层单位的层型剖面，构成了贯通我国南方和北方震旦纪的桥梁纽带。

例如，金石滩景区现在细分为五大园区，这五大园区，无论是形成时间、构成岩质，还是地质成因，都绕不开震旦纪。

金石园，形成时间为距今10亿至6亿年，构成岩质主要是震旦纪马家屯组纹层状灰岩。

玫瑰园，形成时间为距今10亿至6亿年，岩质主要是十三里台组叠层岩。

海啸园，形成时间为距今6亿年前后，代表岩质为震旦纪兴民村组灰岩。

南秀园，形成时间为距今6亿年前后，构成岩质多为震旦纪兴民村组灰岩。

再如著名的龟裂石，有人认为是萌芽于震旦纪晚期，也有人认为是萌芽于寒武纪早期。

现在你到金石滩，也许还会碰上向你兜售三叶虫化石的渔家妇女。这里的三叶虫化石资源十分丰富，甚至可以把它作为一种旅游纪念品来开发。

这些从远古地层中露面的三叶虫化石，为我们勾勒出一幅幅地球寒武纪时期的画面：

那时候，这里是一片广阔而温暖的浅海环境，由于地球氧气的增多，使得低等的海洋生物出现了爆发式的进化。大量的三叶虫舒适地在海底栖息，有的钻入泥沙中，有的漂游生活着，它们没有任何天敌，繁育也没有节制。三叶虫甚至主宰了那个时期的海洋世界，它们以海上的腐食为生。到了晚寒武纪，三叶虫发展到高峰，奥陶纪仍然很繁盛，进入志留纪后开始衰亡，至二叠纪末则完全绝灭。三叶虫在地球上整整生存了3.2亿年。

地球上，只有曾经暂时繁华的族群，没有始终繁华的族群，大家都是过客。

　　三叶虫也如此。

　　除了它的天敌鹦鹉螺之外，大概主要是地壳构造运动使得三叶虫等海洋生物遭遇了灭顶之灾，被深埋在海底，慢慢成为沉积岩的组成部分，又随着海底抬升成为陆地暴露在我们面前，成为如今让人类把玩的生物化石，也成为能传递远古信息的天书。

　　大量发现三叶虫化石说明，大连地区原来是被淹没在海水之中的，后经过多次的地壳运动才形成今天的模样。

　　这种生物之所以叫三叶虫，是因为虫体的外壳构造：纵分，可分为一个中轴和两个肋叶三部分；横分，由前至后可分为头、胸、尾三部分，故名三叶虫。三叶虫小的长约几厘米，大的可达40余厘米。

　　大连地区的寒武纪三叶虫化石驰名中外，除了金石滩，在金州渤海海岸线也有发现，历来为古生物学家所瞩目。目前世界古生物资料中记载，大连地区的三叶虫化石极为常见，研究专著也极多。

从震旦纪、寒武纪说起，我们可以骄傲地说，金石滩的地质景观是举世罕见的。亿万年来的地质构造演化，给人类留下了珍贵的世界自然遗产。这里宛如一个巨大的地质公园，当然主要是展示震旦纪、寒武纪的地质遗迹。

4

罗丹说，生活中不是缺少美，而是缺少发现美的眼睛。

龟裂石，包括金石滩海岸线上的地质奇观，到底是什么时候被发现的呢？是谁凭借独特的视角、敏锐的眼光，寻找出就在我们身边近在咫尺的美景呢？

他们的地理新发现为我们打开了全新的旅游天地，使金石滩成为大连、成为中国旅游的一个新热点。

准确地说，是一群现代的"徐霞客"首先发现的。

除了德国人李希霍芬，后来踏上这块宝地的更多的是日本的地质学家，例如石井八万次郎、大石三郎、藤田和夫和松下进等人，当然，日本地质学家进行得更多的是为侵略服务的地质矿产调查。

大连解放之后，1972年辽宁省地质矿产勘查局区域地质调查队来过这里。搞地质调查的是一群精力充沛的年轻人，他们兴致勃勃地来到这个当时叫金县满家滩葛屯的小渔村，在这里搞地质普查，结果他们发现了海岸边有8亿至6亿年前的震旦系地层和典型的喀斯特地貌。因为震旦系地层在我国东北地区极少，这个发现一经公布，在地质界立即引起一些专家们的兴趣，所以也有了后来推荐美国人柯劳德来这里考察的缘由。

后来，长春地质学院的老师和学生们因为搞教学实践也陆续来过满家滩，他们在这片黄海岸边又发现了很多新的地质景观，有的景点据说还是他们给命的名。

在金石滩考察过的地质工作者群体中，有几个人应该重点说一下，因为他们在发现金石滩上功不可没。

首先是女地质工作者龚为宁。

龚为宁大学毕业后先是分配到辽宁省地质矿产勘查局工作。她第一次来大连是为了找矿，当时住在金县董家沟镇小窑湾一户老乡家里。她在海岸边来回行走的过程中发现，这里的海岸线和海蚀崖实在是太壮观、太雄伟了，这让她联想到她的老家杭州西湖的秀丽和恬静。

龚为宁曾回忆说："我一直是跑野外的，来大连这些年，我几乎跑遍了大连海岸的每一个角落。"龚为宁曾跟一个男同事在金县董家沟一带的海岸绘制地质地貌图，因为那个男同事长得有些像电影里的特务形象，他们的工作又是到处东瞅西看的，结果被村里的民兵给抓了起来。那还是以阶级斗争为纲的年代，龚为宁拿工作证

解释了好半天，民兵们才相信了他们是搞地质科研的。

　　在长年野外科考的过程中，龚为宁深深迷恋上了大连的地质地貌，把地质与风景联系起来的念头也越来越坚定了。"我们搞地质的人就是'找矿'，或者是研究地震等，那时不会有建地质公园这种念头。在当时搞地质工作的人看来，这种想法纯粹是不务正业。"龚为宁说，"可我一看到眼前这些风景，脑子里便不由自主地想，这里要是建一个公园有多好。"

　　不久她就跟着地质队转到海城去找矿了。后来龚为宁的爱人来

海军大连舰艇学院当教员，组织上为解决他们两地分居问题，在1971年终于帮助龚为宁调回旅大地质队。这次工作调动让她有机会再次接触到大连沿海地带的特殊地质群，再次来到她魂牵梦萦的满家滩。

1984年，金县旅游局找到她，与她商谈在满家滩建一个地质公园的想法。这一下子激起了她的热情，没用几天，龚为宁便跟同事们一起，起草出了大连市金石滩风景名胜区总体规划方案。

还有一个人是中国地质学界的泰斗级人物陈传康。

陈传康是北京大学城市与环境学系教授、博士生导师，全国旅游标准化技术委员会委员，中国地理学会副理事长，中国行政区划研究会常务理事。台湾地质学界人士称陈传康是大陆旅游地理的奠基人和开拓者、大陆旅游开发专家，将他誉为中国泰斗级旅游地理专家。

　　"艺术家们则从波涛声浪中、生动的造型地貌和天然壁画浑然一体的意境中得到了升华。"早在1990年，陈传康先生就对金石滩地学旅游资源景观做出了美学评价。他把金石滩的风景结构称为"五海世界"，五海即海市、海天、海货、海蚀、海沙。

　　同时，陈传康还将美学、数学、心理学、解释学、历史学等学

科进行交叉研究，把美术界抽象艺术大师的手法与金石滩天然雕塑和壁画的抽象成分进行同构分析。例如，他认为金石滩鳌滩园的层艳叠彩和九龙壁，就反映了荷兰画家、新造型主义绘画创始人蒙德里安的彩色几何形体线性组合的某些笔法；而龟裂石地层的纵断面，则反映了美国抽象派表现主义画家波洛克点线不规则结合的某些笔法；除上述两种笔法的组合特征，在玫瑰园叠层石纵断面和褶皱的剪切带又反映了赵无极的模糊风光画的某些笔法，甚至俄罗斯抽象主义艺术家康定斯基的某些笔法，在这里也有所表现。

陈传康还建议，金石滩天然风景带有很大的抽象性。原始艺术以抽象艺术为主，现代艺术也正在转变为抽象艺术。因此，金石滩的雕塑宜使用抽象雕塑，甚至可以采用化石原型如三叶虫的原型雕塑来反映地质年代的具象形象。这样做，便可达到现代抽象艺术与天然艺术互相配合。

可惜，金石滩还真没有以三叶虫为原型的雕塑，金石滩的海岸上也真应该有一个三叶虫雕塑，以此来纪念寒武纪。

总之，就像当年冒险家和航海家发现新大陆一样，几十年前，一些独具慧眼的地质学家们发现了埋金藏银的金石滩。

5

第一次从北方城市来到大连看海的人，都会难以掩饰自己心头的激动。

30年前，我第一次来到金石滩的情景至今还历历在目。看到凉水湾，那是一种似曾相识却又从未谋面的感觉。9月的风，海上的浪，遥远的天际线，感觉是那样清爽、惬意。

走在海边沙滩的鹅卵石上有一些硌脚，那时金石滩浴场还没有现在的细沙，尽管如此，我还是奔跑着去迎接海水一浪一浪地涌来。

后来，走的沿海城市多了，也去过国外的很多沿海城市和海岸线，我常常想，哪里是中国最美的海岸线呢？

当然，有人会说到海南的亚龙湾和天涯海角，那里的海如阳光下碧绿的宝石，但让你有一种不太真实的感觉，走进海水里也缺少一种透凉的快意。

而金石滩的海水是深蓝色的，远望甚至是深黛色的，一如北方的晴空。如果泡在海水里，是透凉、畅快又不觉得冷的感觉。

南方的海温馨柔美，金石滩的海则激情澎湃，甚至充满了历史的沧桑感，让人对命运、对大自然有无限的遐想。

金石滩地处黄海的基岩海岸，因此这里的海很少会安静下来，常常波涛汹涌，一浪接一浪，冲刷着岸边的悬崖和礁石，亿万年来为我们塑造了很多神奇的自然景观，也凭空增添了许多大气、壮观、豪迈，让看海人的心也跟着敞亮、通透、豁然了……

这些构成了金石滩包括大连其他海湾一种特有的气质：开阔宽广，明朗清爽，极目远眺，水天相接。一万年前是这样，一亿年前也是这样，特别滋养人的眼睛和肺腑……

金石滩有"惊涛拍岸，卷起千堆雪"的石岸，也有细浪逐沙、曲线蜿蜒的淤泥质海湾。每到夏天，太阳把大海照得金灿灿的，闪着耀眼的光芒，直逼人眼。赤脚走在十里黄金海岸的沙滩上，柔软的沙粒从每个脚趾缝中欢快地钻出来，痒痒的，舒服极了。这时，金石滩就是大连人的狂欢天堂。

每每沉醉在这样的美景中，幸福一波一波涌上心头。那一刻，所有的烦恼和忧愁都被大海洗涤干净。

在一次次看海中，终于明白了喜欢大海的理由：海的力量，生生不息，无终无止；海的胸怀，宽广浩瀚，包罗万象；海的涛声，此起彼伏，连绵不断……

金石滩，中国北方最美的海岸线。

以我的感觉，金石滩应该做得更好一些。应该利用大海的优势在这里讲述海王、海神、海盗、海妖等诸多的故事，那应该是一系列关于海的故事和传说，让人们在此体验的不仅仅是海岸线风景，不仅仅是发现王国的那些大型玩具。

再如，这里还应该有一组浮雕来讲大海的演变，从震旦纪、寒武纪开始，从沉积岩、绿藻、红藻开始，到三叶虫、美人鱼、大白鲸、大鲨鱼，等等。

山 河

步云山脉发城山，古堡巍峨天地玄。

后壁刀分高两里，前襟鹰视矮群巅。

一帆大纛飘岩顶，半水监牢隐崴边。

曾拒隋朝三百万，更辞唐将廿余年。

我对大黑山的感觉是：那就是一道百看不厌的风景线。在开发区，几乎我无论走到哪个街道角落向北望，都有扑入眼帘、绵亘于西北天际的那一脉山峦。阴雨天，大黑山漫漶在迷云淡雾之中，仿佛幻化得一点儿踪迹也不见了。晴开雨霁，碧空如洗，大黑山又清清亮亮现出了身影，轮廓异常分明，远远地都能看到第一道山梁上卑沙城城墙那道细细的白线。

　　相信很多大连人身边都会有这样属于自己的一座山，因为大连多山。

步云峡谷——养在深闺人未识

1

大连的山，虽然高度普遍不够，但是气质好，有特点。

过去读《隋唐演义》时印象深刻的是有一回英雄排座次，列出了十八条好汉的位次。如果按这个套路来说一下大连地区威武雄壮的山会怎么样呢？

大连地区最有名的山是大黑山，海拔663.1米。有人以为它是大连地区最高的山，其实按高矮来排名次，大黑山只能排在第十七位。这有点儿像《隋唐演义》的第十七条好汉尉迟恭，也是黑脸汉子。

大连第一高的山是海拔1131米的步云山，排在第二位的是海拔1029米的老黑山，排在第三位的是海拔929米的大清沟山，排在第四位的是海拔878米的老帽山。

前四名都在庄河市境内。

这么说吧，如果也评一个"十八条好汉"——大连地区海拔高度列前18位的山，这其中庄河会占10个，瓦房店占5个，普兰店占2个，金州仅占1个，就是大黑山。

千山山脉逶迤而来走到这里，它的神奇其实难以用语言来描述和概括，其中蕴含着艺术家完全设计不出来的一种形式美或者说是大美。千山余脉在庄河是一个高阶，是居高临下在看着我们其他地区。这不服不行。

第一高山是步云山，这可能出乎很多人的预料。

步云山位于大连与营口盖州的交界线上，也是千山山脉西段的主峰，由此再往东是千山主脉。步云山海拔1131米，因山顶常年多雾，故过去又称为步雾山。

那为什么又叫步云山了呢？

1921年，当时的庄河县长叫李绍阳。李绍阳去拜访庄河名流、清朝光绪年间的举人刘滋楷。两人闲谈时提到庄河最高的山叫步雾山，刘滋楷说这个名字不合适，山高必然来云，叫步云山也不能叫步雾山。李绍阳后来主持编写《庄河县志》，于是就改为步云山，一直叫到现在。

步云山山势陡峻，峰峦起伏，森林覆盖率达到了80%。奔流不息的蛤蜊河在步云山脚下蜿蜒、伸展。

和大黑山一样，春天这里的杜鹃花也是漫山遍野，徜徉在花海中，会被它们的热烈而感染。它们灿烂如霞，炽热如火，然而又娴静娇羞，从不张扬。

当6月来临的时候，步云山是天女木兰的世界。天女木兰是一种珍奇的花卉，它生长在海拔800米以上的高山上，是一种与枫树伴生的落叶乔木，花呈白色，直径有5厘米长，形状如钟，倒挂在树上，花蕊冲着大地，花香馥郁。

由步云山往西，地势迅速下降，再也没有海拔千米以上的高峰，西去16公里许，就是下降到海拔百米以下的碧流河谷地。碧流河西再隆起的是局部呈南北走向的以老帽山为主峰的山地。山势无再高于老帽山878米者，那里已经是瓦房店的地界了。

庄河还有一处很特别的山，就是筑有高句丽山城的城山。

城山在庄河西偏北35公里，是一条东北西南走向的山岭，纵长约10公里，平均宽约2.6公里，山势西南部陡，东北部缓。城山西主峰在山岭之西南部，西临碧流河之中游，北临自东北来入碧流河的一小支流夹河，南临自东北来入碧流河的一小支流沙河。城山海拔在300米左右，临夹河一面是悬崖峭壁，南麓坡度较缓。现在当地人多称此山为"赤山"。

高句丽时代修筑的这座石城，北临夹河部分利用天然的峭壁而无城墙，其余两面（西南、东）是用花岗岩筑的石墙。在一面坡上，平面近似三角形，墙宽约4米，最高处可达10米，有东、南二门，城周约4公里。城内有点将台、纛旗座、烽火台、养兵院、梳妆楼、饮马湾、水牢、古墓等遗址。

我的感觉是，城山山城比想象的要大，比大黑山的卑沙城更雄伟。但问题也在这里，它是近年来经过大规模修葺的，很多城墙用的都是簇新的花岗岩石块，一看就是从外地运来的，显得太假，完全就像影视剧里的道具。城山还有一个道观五老宫，据说修建于民

国时期，还有一座明朝万历年间修建的法华寺。

庄河诗人王嗣元曾有一首石城怀古的七律，写的就是城山。

> 步云山脉发城山，古堡巍峨天地玄。
> 后壁刀分高两里，前襟鹰视矮群巅。
> 一帆大纛飘岩顶，半水监牢隐崴边。
> 曾拒隋朝三百万，更辞唐将廿余年。

1961年4月，中国戏剧家协会主席田汉曾经来到城山山城考察。当时的路很不好走，他们是从花园口走到城山的。田汉在考察过程中，曾经纠正了一些当地流传的说法，例如关于梳妆台、紫禁城和水牢的传说，等等，认为这些名字都不具有合理性，应该根据实际情况来起名字。他当时就说，这座古城有很高的文物价值，要保护好，不允许破坏，要进行科学说明。可惜现在也没有完全做到。

这些年走过许多山，一个深刻印象就是：辽南的山，尤其险峻的山，山上不是有山城，就是有炮台，再或者就是有烽火台，也许还有积石冢。总之，山上要有一处挺拔的阳刚的凶猛的进攻性的建筑物。

这就是辽南的山。

2

千山山脉在庄河境内虽然有很多险峻山峰，但一说到庄河，人们还是会先想起"庄庄有河"这句耳熟能详的俗语。据说大庄河约4000平方公里境内曾有大小365个村庄聚落，于是也有365条大小河流，真是令人羡慕啊。

大连地区排名第一的河流碧流河在这里，排名第四、第五的英那河和庄河也在这里；而大连地区排名前三的水库，即碧流河水库、转角楼水库、朱隈子水库，也都在这里。

从电子地图上看，庄河地形就像一片绿色的叶子，那一条条纹络就是山谷与河流。

庄河大地的确是布满了蓝色的水网，这些水润泽了庄河的土地，也润泽了整个大连区域。在庄河，你几乎能找到关于水的所有存在形式：溪流、瀑布、跌水、河、湖、湿地、水库和大小海湾。

一位曾经在部队里当过飞行员的朋友说，庄河不仅是大连，而且是辽宁全省河流最多的地方，"庄庄有河"绝不是虚谈。

但是很多人知道庄河却不是因为步云山、碧流河，而是因为冰峪沟。

我在十几年前就去过冰峪沟，是报社组织一起去的，浩浩荡

荡，一路欢歌笑语。那时就听说这里是有"北方小桂林"美誉的一个景点，在冰峪沟还住了一夜。总体印象里还记得坐船如画中游，那山那水那村庄就像水墨丹青。

其实我们去的仅仅是冰峪沟一小块核心的地方，整个冰峪沟南有龙华山，北有芙蓉山。龙华山有般若洞，俗称仙人洞，过去的岁月里曾有许多社会名流到此游览，留下很多诗文。

冰峪沟是20世纪80年代初才被发现的，其后不断有游客前来游览，有画家来写生，当时有18户人家生活的冰峪沟几乎就是与世隔绝的世外桃源。80年代末，庄河市政府对这个占地100多平方公里的地方进行旅游规划开发，渐渐形成了冰峪沟旅游风景区。

夏天，冰峪沟草木葳蕤，景色迷人，清新凉爽，是理想的避暑之地。秋天，飘舞着红叶的山峦斑斓多彩。冬天，石林像玉石一样

洁白，奇峰像水晶一样耀目，山泉凝成了冰帘，满眼冰山雪岭，一派银装素裹。

关于"冰峪"名称的来历，我听到几种说法。其一是相传唐朝薛仁贵征东时曾在这里安营扎寨，唐太宗李世民到此抚军，见这里确是一夫当关、万夫莫开之地，便赐名"兵御"，后来才又称"冰峪"。目前为跑马场的丁香谷即是古战场的遗址。当然，辽南到处都有和这位唐太宗拉关系的传说，偏偏唐太宗却没来过。

从庄河说，步云山、老黑山、桂云花山等属于老山神系列，冰峪沟则是它们的女儿，养在深闺人未识。

现在感觉，冰峪沟这个"北方小桂林""大连后花园"等说法本身就显得不自信，不是高攀，反而是小瞧了自己。冰峪沟的山和水有其独特之处，是无人可比的。过去我们都不自信甚至有点儿自卑，总喜欢往别人身上挂靠，包括当年"北方香港"的提法，其实我们辽南、我们大连的山海景观就是独一无二的。

总有人认为庄河比较远，因为它在大连的最北部，同时也意味着有一些闭塞和落后。前些年《半岛晨报》记者张露露曾经给庄河

设计了一句广告语：庄河其实不远，这里的空气有点儿甜。

空气有点儿甜，主要是因为冰峪沟和步云山温泉、天门山森林，等等。到了那里自然会有体会。你会感觉到，空气有点儿甜不是虚的，而是实实在在的。

3

大连著名摄影家姜振庆曾出版过一本摄影集叫《海苍茫》。其中有张照片让我很震撼：画面上是非常壮观的去赶海的渔民队伍，男男女女蜿蜿蜒蜒看不见头尾，向大海中走去。

去干什么呢？挖蚬子。

据说因为这张照片的影响，后来大连电视台著名导演李汝建去庄河拍了纪录片《海路十八里》，这部片子又屡获大奖。片子里渔家女围着红头巾、黄头巾，推着稀里哗啦响的自行车赶海挖蚬子，那熙熙攘攘的场面就像是去赶集一样。

这里说的就是庄河市南郊的海洋村，海洋村有1.8万亩的海滩盛产蚬贝。每天潮水退下去时，会有数千人带着他们的挖掘工具、推着自行车走向遥远的滩涂去采挖蚬贝。这些挖蚬贝的人们每次来回都要行走十八里海路。姜振庆的摄影集和李汝建的纪录片都记录了这一浩大的场面和赶海的人艰辛的劳作过程。

对了，我走过那一段的沿海公路，它也叫滨海路。

我最早看到照片时就感觉到视觉上的冲击力、震撼力，当时问过姜振庆：这张照片是在哪儿拍的？怎么会有这么多人去挖蚬子？

他回答，在庄河。

而且庄河这个村的名字竟然就叫海洋村，多么大气多么敞亮啊，"海洋"竟然是一个村子的名字。

前面曾经讲过很多海湾的海岸线，多是基岩海岸。其实还有另一类的海岸，即淤泥质海岸，很少被人关注，因为它们缺少视觉美感。在这里，当潮水退去之后，大片平坦的泥滩就裸露出来，放眼看去，茫茫没有边际。

这里却是渔民赶海的好去处，海洋里鲜活的生命就藏在这片刚刚被海水浸泡过的淤泥质海岸里。渔民赶海的场景壮观而紧张，他们必须在潮水涨上来之前返回到高处。淤泥质海岸其实让我们看到了人与海最真实的关系。

其实庄河是辽南一本厚厚的大书，可惜很多人还没有来得及细读。现在的人太浮躁太功利，他们更喜欢灯红酒绿、浪漫时尚，不愿意去了解处于北境的庄河，所以也不知道庄河的厚重、灵秀和埋藏在深山里、大河里的那些传说和故事。

挖蚬子的场面可惜我没有实地看过，但是庄河很多古镇、村落我都去过了。花园口是中日甲午战争时日军的登陆点，我曾经和网友"金州的天空"去实地考察过。

清末的庄河花园口本是一处荒凉的海岸，零星散落着十几户人家，平日耕田牧海，过着安闲的田园生活。那一年已是初冬，田地里的收获已经结束，家家户户门前都堆着一垛垛玉米和大豆，带着几分

寒意的海风不断从村中掠过，夜幕降临后各家便都早早安歇。

1894年10月24日凌晨时分，一些警觉的村民就听到了户外有不寻常的密集脚步声，其中还夹杂着怪异的言语，村子里护院防贼的狗也都交相吠叫起来。

原来是日军第二军第一师团在联合舰队的掩护下，自朝鲜大同江渔隐洞到达花园口，准备开始登陆了。

花园口属浅滩，日军先将兵船停泊在距岸三四海里处，而后趁涨潮时用汽艇牵引舢板登陆，一昼夜往返数次。到11月1日，日军第二军第一师团已在花园口全部登陆完毕；等到11月6日，日军辎重、马匹等也已登陆完毕。自10月24日至11月6日，日军在花园口登陆时间长达14天，登陆人员24049名、战马2740匹，还有其他大批辎重。

令人奇怪的是，日军上岸后竟如入无人之境，没有遇到任何抵抗。从花园口登陆后的日军可以就地休息，本是来侵略的，感觉却像一次户外旅行。

据说这一片的浅滩也曾是渔民挖蚬子的好去处。现在那里多了一块张爱萍将军题字的石碑，以警示后人，不忘屈辱。

烽举燧燔——烽火墩台抗倭虏

　　这些年我走过的山在同行中应该算是比较多的，一是曾经专门考察过辽南的一些高句丽山城，行走过城山、巍霸山、龙潭山、岚崮山等；二是在考察辽南明代烽火台时走过一些山，后来还与一竹传媒合作拍了一部《烽火台》的历史人文纪录片。

　　山城与烽火，都常常会让人联想到边关黄沙、铁马冰河和长城要塞。长城上那高高的烽火台更是中华民族精神的一种象征。每当"中华民族到了最危险的时候"，有热血的中国人都会勇敢地站出来，用自己的血肉"筑成我们新的长城"。

　　曾经修筑了高句丽山城的几座山，如普兰店区星台街道葡萄沟村的巍霸山、瓦房店市西北的龙潭山和庄河市城山镇沙河村的城山、夹河山等，很好找，因为山城高大且都有庙宇、寺院，香火不断，一般来说非常好找，而且去寻访的人也多。

相对来说，辽南曾经有过烽火台的山一般都鲜为人知。

烽火台作为一种军事设施，多建在独立的山巅之上，常常高达数米甚至十几米，选址在较高或开阔地带，四周无自然形成的屏障，主要是考虑用烟火传递信息时方便又实用，出现敌情能将信息迅速传递出去。

辽南的烽火台和驿站也构成了古人的信息网、交通网，也是最原始的一种网络形式和通信组织。烽火台曾经的作用和功绩，我们也许低估了，甚至淡忘了。

1

据《全辽志》和《辽东志》记载，大连地区的烽火台，明代时以复州城为中心呈东西走向，以金州城为中心呈南北走向，总体呈"T"字形排列。

辽南烽火台的路线是每10里设一堡台，每5里设一墩架。堡台多设在沿海村落前，墩架多设在山冈丘陵之上。

金州人都熟知，明代抗倭的望海埚大捷就是借助了烽火台报警而取得的一次大胜。

刘江任辽东总兵时，有一次因疏忽被倭寇入侵并斩杀了两位驻地军官，明成祖朱棣降罪要杀了他，最后是诸多大臣说情，刘江得以保全性命。

血的教训使刘江心中愤懑难当，于是他大力调度调整辽东海防，修建了多座烽火台及堡垒，形成了以金州为中心的5条烽火线，使得辽东半岛与腹地能守望相助。

永乐十六年（1418年），辽东总兵刘江到金州亮甲店巡视，听当地百姓说望海埚"凡寇至,必先经此,实滨海咽喉之地"。

于是,刘江又在此用石垒堡筑城,置烟墩瞭望。

《全辽志》记载望海埚大捷的其中一段是这样的,永乐十七年(1419年)夏六月:

王家山岛举火。江计寇将至,急整马步军赴埚设伏。翌日,倭船二十余艘泊马雄岛,径奔埚上。江亲督指挥徐刚领兵赴堡外,复遣百户姜隆以奇兵伏山下,邀其归路。约贼围堡,举炮发伏,马步俱进。贼大败,奔入樱桃园。合兵围之,自辰至酉,生擒八百五十七名,斩首七百四十二级。

望海埚位于金州城东北35公里的亮甲店街道金顶山村赵王屯,当地百姓又称之为东坨子。这是一个海拔仅仅百余米的小山丘,从空中看状如一个土锅,中间凹而四周凸起。小黑山屹立其后,大黑山雄踞其南,东距登沙河河口仅5公里,西临青云河和青云河水库,附近有前柳树园村、后柳树园村、泉水村和玉皇顶村。

登临其上,沿海诸岛尽收眼底。

可惜望海埚的城堡与烽火台都已经圮毁,城堡砖石都被附近村民拿走筑屋垒院,其他的烽火台也所存无几。现在金州地区

保存最好的是二十里堡烽火台，与之相邻的还有石河烽火台。石河烽火台与二十里堡烽火台的水平距离约为16公里，与东侧望海埚中心烽火台距离是15公里，三座烽火台形成了掎角之势，对这一片土地形成有效的预警控制，成为大明金州卫的保护神。

如果想寻迹二十里堡烽火台，哈大高铁大桥下二十里堡黄毛鱼馆是一个明显的地标。因为就在它对面的东山上，沿着林中的野路子走上去，路边是花椒树、山枣树、柞树和黑松……这是一条放羊人才走的小路，鲜为人知。走到山顶便能看见那座古拙的烽火台。

二十里堡烽火台是由大小不一的石灰岩块砌筑的，顶部有一些青砖筑成雉堞状，上小下大，呈梯形。台高约7米，台顶南北长5.3米，东西长7.2米。烽火台四周3米处砌以两层围墙，也称之为廊。

二十里堡烽火台内围墙宽1.3米，里外砌石，中间填土，外围墙宽0.6米，为石筑。虽然已经圮毁，但基本形状依然还在，依稀可见当年的形象。

二十里堡烽火台因为深藏于山林中，并未受到大众关注，保存较为完好，且未经修缮，对研究明代烽火台的形制有重要的参考价值。

石河烽火台在过去的岁月里尤其是在中日甲午战争时，曾遭受战火的摧毁，近年来经过抢救性重修，现在的烽火台庄严宏大，从空中看整体呈一大大的"回"字形。烽火台四周杂树丛生、荆棘遍地，很多人走到附近也找不到它，想不到丛林中会有一处烽火台。

石河烽火台为正方体，边宽约8米，高约6米。在烽火台的四周有石砌的正方形外防护墙，墙高约4米，边长约24米，烽火台外壁距离外防护墙内壁的距离约6.5米。

石河烽火台在西部外防护墙中间底部有一个很小的出入口，人要猫着腰才能进去。在外防护墙的南部和北部中间、外面各有1处防护台。

石河烽火台的山下就是石河街道的东沟水库，公路蜿蜒沿山而行，风景秀丽而幽静。向东南，小黑山就在眼前，并且能望得到黄海海岸线，向西北能瞭望到普兰店湾。

2

永安烽火台位于普兰店区皮口街道新台村的西北山上，是辽南保存最完整的明代烽火台之一，也是当年金州卫最北端的仅存的圆形烽火台。

永安烽火台台基由花岗石筑砌，台身由大青砖砌成，高大坚固，安全性好。台高约14米，台顶直径9.7米，有8个垛口，每2个垛口的中间各有1个方孔。在烽火台北距地面高约9米的地方有个高约1.8米、宽约1米的门，这是当年用绳梯进出永安烽火台的唯一之处。

与永安烽火台非常相似的是元台烽火台。元台烽火台位于瓦房店市元台镇，从体积上看，它比永安烽火台更加雄壮，两侧有兽首装饰。但元台烽火台由于位置较为偏远，春夏时节有玉米等农作物遮挡，极少出现在大众视野中，鲜为人知。

《全辽志》中记载的复州卫骆驼山台即今排石烽火台却始终活跃在大众视野中，这是因为这里正处于一条世界顶级的海岸景观带上，排石烽火台西侧500米便是著名的排石景观和佛经岩。

排石烽火台位于海岸一座海拔120米的山上，三面环海，视野极其广阔，是瞭望渤海的绝佳位置。但年久失修，只剩下一段残基石墙，现在的烽火台是在旧址上重修的。

排石烽火台呈六边形，每边长度约6米，残高3.5米，台体周围有圆形围墙，围墙和台基均用石块砌筑。

这些烽火台粗粝高大，虽经风剥雨蚀，仍依稀可见旧日容颜，但更多的烽火台则是湮没在历史的尘埃里。

甘井子的前关烽火台、牧城驿烽火台，如今都是仅留了一座石

碑和残垣讲述曾经的故事。

金普新区董家沟的北山烽火台也仅剩一截基石，徒留一座不知何人何时建造的望海亭。登临其上，山风呼啸，远望黄海大、小窑湾，视野极其广阔。

曾经高大巍然的明代烽火台似乎离我们很远，远到时光要走600余年。可熄灭狼烟的烽火台离我们很近，近到就在我们身边。

它们在山巅之上，在田野之中，在小区角落里，永远与我们一起护佑着这块土地。那些关于烽火台的地名、村名，随着海风飘进大连

人的耳中。"台山""三台子""新台"……昔日硝烟弥漫的战场已经成了宁静祥和的村落，丰收的喜悦已经冲淡了几百年前的烽烟。

大连沙河口区有个台山街，为什么叫台山街？

因为古代这里曾经有过一座烽火台。

大连地区带"台"字的地名，其实有很多是依据过去的烽火台而衍生出来的。我粗略地查了一下，带"台"字的地名有很多：

瓦房店有元台镇、三台满族乡、后台村、吉台村、安台村、小台、台扩、元台大桥、三台村、台沟、西台村、南台、三台子大桥、三台子青年林场；

普兰店有星台街道、新台村、台高屯、五里台（公交站）、台后、台岭村、三台；

庄河有西峰台、东峰台、德顺台、孙台屯；

金州有三台子村、五里台、台蚕线、永台桥、五里台子、小台子、大台子、台山沟、四台后、台前屯、南台子、台子村、台底屯、二台后、三台前。

北屏佛洞——辽代石刻藏溶洞

1

金州湾西海南侧有一座北屏山。

辽南北方，历来是马背民族入主中原前的势力范围，因此金州古城的北门就被命名为"永安门"，其含义就是北方要面对强敌势力，祈盼古城能永保平安。而当年步出金州古城北门就是北屏山，金州的老人们讲，在古城的街内，举头即可见巍峨的北屏山，使金州人心理上有了一种安全感，因此山的名字后来演变成今天的"北屏山"。

北屏山西坡一处陡崖下有一天然石灰岩溶洞名梦真窟，人们又称之古佛洞、佛爷洞。

古佛洞洞口朝西，洞口外原为陡峭的山崖，早年间为了修建庙宇，这里就垫成了一处平台，平台南端与山顶的土路相接，北端与断崖相连，站在平台上西望，可见波光粼粼、归帆点点的金州湾海面。洞口外南侧有一就原石雕刻成的心形石窝，并刻有"洗心池"三字。

梦真窟的洞口高约4米，宽不到2米，甫入洞口，可见洞顶竖悬一块长1.2米、宽0.6米的汉白玉匾额，上书"古佛洞"三个行楷大字，落款为"癸未年秋月 鲁东信徒杨永升敬立"。根据匾额的形制和纹饰判断，匾额上的"癸未年"当为1883年（清光绪九年）。

进入洞内，顿觉阴暗潮湿，石壁上生满了青苔。入洞不远的两侧石壁上有人工凿成的小龛，小龛上方的石壁积了一层厚厚的烟炱，这是多年来人们敬香礼佛时燃点香烛所致。顺洞口往内直行约

20米，有一处阔如厅堂的天然石室，形状不规则，穹顶长、宽均约10米，高约6米。在面对洞口的石壁前，有一尊利用洞内原生钟乳石雕成的释迦牟尼造像，佛祖结跏趺坐于仰莲座上，莲瓣尚能辨其轮廓，佛祖造像面庞圆润，双耳垂肩，二目微睁，口角上翘，左手着膝，右手当胸竖起，身披袈裟。

莲台距石室地面约2米，莲台下还雕有一只卧狮，双目圆睁，前肢伏地，头顶鬃毛纷披，狮身则隐入山石之中。

金州老人们传说，佛祖造像上方顺石笋滴下的水滴，有的正好落在佛像身上，顿时水花四溅，夕阳西下时，一缕阳光射入洞中，飞溅的水花便光彩夺目，令人遐思神往，于是"佛洞滴泉"成了金州古八景之一。

在佛祖造像斜下方的石壁上，还有若干处小石窝，合掌轻叩，能发出类似敲鼓一样的声音；另有一处较平滑的石壁，用小石片敲击便能发出击磬般的声响。金州地方史古籍这样记载："神仙洞在治城北，北平山西角。洞中有石磬、石鼓、石香炉、石灯笼一切器具，鼓与磬等俱扣之有声。"

这是因为，北屏山多石灰岩，山体属于喀斯特地貌构造，经过多年的岩溶侵蚀，岩石有空洞或其他比较特殊的结构，所以才会出现敲击时发出鼓、磬一样的声响。

从洞内最大的石室右折，还可徐行20余米，中间石壁狭窄，又可见一洞，较前室小一些，因洞内曾供奉观音雕像而得名"观音洞"。大连解放后，金州博物馆的文物工作者曾在梦真窟收集到几尊观音雕像；在收集的数尊观音雕像中，有一尊白石雕成的最为精美，通高约与成人相同，雕工精湛，造像体态婀娜，身披璎珞，衣裙飘然，手捧净瓶，赤足立于仰莲须弥座上，一派盛唐风韵。

2

史书较早有记载的是明代《辽东志·金州卫山川地理图》，那时这里就有了"平山佛洞"的标注。

《辽东志》载，在金州卫城北十里，有泉滴佛前石钵，此洞奇迹甚多，洞门外石崖刻有"梦真窟"三字。

近代，北屏山又曾是清军的军营所在地。

清光绪十三年（1887年），清淮军庆字营统领黄仕林驻扎在金州城附近，他发现北屏山地势险要，便派一队清军分驻在山上，在这里搭建营房，修筑工事。同时他还重修了梦真窟，在洞外增修了禅房3间、山门1座，并立碑1通以示纪念。

1894年的中日甲午战争中，金州古城于11月6日失守后，李鸿章急电宋庆所部毅军火速回援金州。宋庆即率部南下，又会合刘盛休所部铭军、程之伟所部大同军，合计二十几个营在宋庆的统一指挥下向南进发。

宋庆兵分两路：一路从三十里堡沿金复大道南进；一路从三十里堡向西南，经梅家屯、大莲泡，沿西海岸即现在的金渤海岸线前进，当时就曾在北屏山安营扎寨，构筑工事，准备攻城。史书记载，沿途居民见清军回来，无不箪食壶浆，夹道欢迎。这沿途居民指的就是当时居住在前石、后石和龙王庙一带的百姓，这给宋庆的士兵以极大鼓舞。

留守金州城的日军十分惊慌，频频向正在进攻旅顺的日军第二军司令官大山岩告急。21日，宋庆反攻金州城，使日军遭受很大损失，但可惜清军远道轻装而来，没带重炮，而日军坐城防守，枪炮皆备，其从城头上发射的炮弹对清军威胁很大。宋庆后来闻知旅顺已陷敌手，日军从旅顺派步兵第一旅团长乃木希典率兵赶回金州助战，知金州难夺，又考虑日军从岫岩赶来截其后路，遂不得不放弃反攻金州的打算而退去，于是撤离了北屏山。

北屏山梦真窟虽然名为佛爷洞，系佛家道场，但到了清光绪年间，有一孙姓道士因战乱也隐居于北屏山，在此专心修行。据传，孙道士道行颇深，夏日穿棉衣，冬日却赤足履雪行冰，若不知有寒暑也，人称"增衣度夏，赤脚行冰"。而且他医术高明，救治了不少附近患疑难杂症的百姓，被誉为"赤脚大仙"，口碑甚好。

中日甲午战争时，孙道士多次护佑附近躲难百姓。金州城陷，清军将领宋庆率军攻打金州城时，于北屏山附近遭遇日军，双方激战，清军伤亡惨重，孙道士救治负伤清军，亦率人掩埋战亡清军士兵。一次孙道士下山，在村中遇到了日军士兵，日军见孙道士模样俱惊异不已，于是用刺刀割其发髻，鲜血如注。日军怀疑其为妖人，拟杀之。村中父老都知道孙道士做过很多好事，一起求情赦免他，说孙道士是方外修炼之人，最后使其得以免遭杀身之祸。

　　孙道士后来又居佛爷洞中10余年，忽然有一天他告诉弟子们，过几日如果院中有火起，就是他羽化之时，让弟子们记住了。弟子们半信半疑。忽一日，西厢果然失火，附近邻人齐往救之，火熄后，则孙道士趺坐而逝。

3

　　1926年，北屏山附近三里庄和大魏家的善男信女集资重修了梦真窟洞外的寺院。当时奉天省长王永江因为反对张作霖用兵关内，辞职回归金州古城在家休养，于是乡绅们就请他题写了碑文，这也是王永江生前在辽南留下的唯一一篇碑文。碑文镌刻了重修的梗概，以示记验：

　　金邑城北十里许有屏山，山固不高，而中峰平迤，西北悬崖有石岩，若龛，中一石佛，外悬石灯二，其东南一洞，容人行半里许，窈然难测，而石佛之侧，若石磬、石鼓，叩之声相似，唐时故物。且峦壑皆无水，独近洞有泉清洌，足洞中居者用。洞外有梦真窟擘窠大字三，深刻峭壁。清光绪十三年，驻邑淮军统领黄仕林者，于洞外建精舍，揩三字划去，惜哉！至今仅模糊略辨耳。

　　夫此山古迹为何代何年，志乘弗存，固无可考，而山之名于古也，盖即此可证矣。迨清光绪甲午之役，并黄仕林所建精舍亦毁之。游此山者，但见残瓦颓垣及断碑，卧荒烟蔓草中，不胜兴废之感而已。抑又闻甲午之前，有道士趺跏洞中，不知为何许人，增衣度夏，赤脚行冰，若不知有寒热岁月者。一日忽于洞中火化，岂厌此尘垢而解脱欤。几二十年遂无人问津焉。

海湾

群山到海势嶙峋，半压沧溟半拂云。

山出三棱千里远，海通一港两州分。

鱼戏浅水多成贯，雁宿平沙不失群。

犹是旧时佳景象，令人怀念故将军。

西海金湾如玉带

　　大连老市区的人，一说滨海路就知道是那个滨海路。其实在大连，每个区市县几乎都有自己的滨海路，例如金州的黄海海岸线和渤海海岸线两侧都有滨海路，还有瓦房店、普兰店，甚至你想不到庄河也有一条滨海路。

　　因为大连三面环海，这是让其他城市羡慕嫉妒恨的地方。

　　所以说，滨海路可以是一个大概念，这也是我们大连得天独厚的优势。在各区市县的滨海路里面，我觉得非常值得一提的是金州湾的滨海公路。它是在渤海海岸线一边，环绕着金州湾和北海湾延伸开来，再过荞麦山、骆驼石一直到普兰店湾为止。这一条滨海路更适合自驾游。

1

金州湾滨海公路的起点是老金州城的西海。

一说起西海，现在很多金州老人还会想起小时候到西海去洗海澡、在海滩淤泥里挖蚬子、在海边湿地里偷鸟蛋、在龙王庙祈雨赶庙会时的情景，一回忆起来话语总是滔滔不绝，感觉十分温馨。

清光绪年间，金州有一位举人叫李义田，他所作的《金城杂咏》诗其中一首说的就是西海景观：

> 海天如镜面平磨，西出城关听棹歌。
>
> 不识钓竿何处著，春光辜负好烟波。

可见当年西海的自然风光非常迷人。

有人说，狭义的西海就是原来友谊街道园艺村西门外和南山村一带，这一小海湾呈椭圆形，当年从岸边至湾内纵深游出1000米，水深还不足2米，因此成为老金州人的一个浴场和乐园。

而现在广义的西海，是南起园艺村、龙王庙，北到老龙头和姚家套子，还包括了前石湾、葫芦套以及后海湾等。

　　这条滨海公路就是从西海出发，经龙王庙，过石门子、金州湾大桥，到北屏山、荞麦山、七顶山。看范家坨子、鹿岛、兔岛、蚂蚁岛……行走在蜿蜒的滨海公路上，迎面吹过来咸咸的海风，这一条线路的风光也是美不胜收，令人赏心悦目。

　　在金州湾滨海公路入口处的西侧，斜对着龙王庙，有一块天然巨石，石势嶙峋，削壁巉岩，上面镌刻着一位现代诗人写下的诗句：

　　　　梦吟瀛州远，览胜金州湾。

　　　　龙岛崛新城，古佛化彼岸。

　　这块五言绝句诗碑成为西海一个新的景观。

　　这里的海蚀地貌还数金州龙王庙的地质景观最著名。

　　龙王庙西侧下有一海蚀崖，崖面展现出一片龙飞凤舞又明丽鲜艳的彩色构造，被地质学家们誉为是"画"出来的天然地质教科书。正是由于这里风景秀丽，海阔天长，早在600余年前的明代，先人就将龙王庙建在这里。

这一片海蚀崖，是大连地区最典型的平卧褶曲地质构造。这个地质名词读着很拗口很生涩吧，但是若实地来看看却是令人叹为观止的。

在距今2亿多年前发生的一次地壳碰撞中，强烈的地质构造运动形成了画面上的平卧、倒转、倾斜褶皱和多条断裂等痕迹，这里集中了褶皱、断层、海蚀崖等多种地貌，系统而完整地反映了岩层在构造运动中形成的复杂变形。

站在龙王庙的断崖下仔细观看，会发现这里主要是由红黄两色的岩石交织而成。红色是赭红，黄色是土黄渐变到米黄，层次十分鲜明，形成了一条明丽鲜艳的石中巨龙，似乎要破崖而出，直上云霄。这种构造的颜色据考形成于5.4亿年前的寒武纪时期，那时这里是干旱炎热的萨布哈环境。

断崖之下还有几处海蚀洞。海蚀洞在大连很常见，但龙王庙断崖的海蚀洞发育得非常典型。大小海蚀洞相间分布在崖壁之上，最大的海蚀洞紧贴水面，洞口朝西北，洞高4至5米，宽6米，深5米。

龙王庙下原是一片近海浅滩，潮起潮落间，浅滩海水不断变化，景色绝美。近年来，由于这一片区域进行填海造屋，现在这里已经基本看不见海水了。当年海蚀崖在海水中的倒影显得格外妩媚，而如今，海蚀崖的部分岩石已滚落坍塌。

龙王庙地质景观形成于地质史上的寒武纪，这一片热土上还发现过寒武纪的三叶虫化石。最早是在1958年为筹办"金县通史陈列"时，文物工作者在今大魏家街道大魏家村中学附近裸露的紫色页岩中采集到了很多三叶虫化石，据地质部门古生物专家鉴定，其时代为数亿年前的寒武纪。

2

　　过龙王庙之后沿滨海路向西北行，拐过一个小海湾就是老龙头。

　　老龙头属于笔架山山脉，山势绵延至此而成一海岬角。自古以来，这里因危石高耸、延伸进海中而形成了一狭窄隘口，扼守金州湾之交通咽喉，其状如门户，故又得名"北石门子"，金州老人亦称之"石门子"。

　　在金州，叫石门子的地方真不少，例如大黑山北侧也有一处，甲午年间徐邦道曾经在那里阻击日军。这里的石门子则是在老龙头之凹垭口处，如今开凿建成金州湾一侧的紧贴海岸线的滨海路，穿连起金州渤海海岸线沿途的秀美风光。

　　老龙头海岬角处，巨石环列，其形各异。更有趣的是，在海崖稍北之处，有两块高约10米、宽约8米的方形巨石峙立。中开一缝，宽约1米。如果自石缝下窥，海水仅见一线，而沿石缝下至海边，回

首再向上仰望，也仅见一线之天，此石名曰"海天石"，堪与千山的"一线天"相媲美。

据传说，海天石原本是四四方方的一整块大青石。明朝初年，金州沿海倭乱四起，百姓不得安宁。有一天"发大海"，老龙头下漂来一把宝剑，剑身上有"平倭"二字。当时镇守辽东的总兵刘江为了答谢神灵，亲临老龙头设祭，告之曰："平倭之心，坚如此剑。平倭之剑，可斩顽石！"于是，刘江举起平倭剑向附近的一块巨石砍去，巨石轰然变成两半。果然，不久刘江率领官兵取得了望海埚抗倭大捷。战斗中，刘江手中拿的就是那把平倭剑。

石门子小山顶上早年有"海阔天长"摩崖石刻，其字体苍劲有力，上款"道光九年"如今尚依稀可辨，而下款因崩圮已看不清了，岁月久远，已湮灭在尘埃里。

山崖之上，古人凿有脚踪若干，踩着这些脚踪，可达山顶。最近有人去找过，摩崖石刻的石头还在，却只能模模糊糊地看到一点儿石刻字样的痕迹了。

风流已被雨打风吹去。

老龙头海岬角最适于垂钓，"龙头垂钓"自古就是金州风光之一。这里崖深鱼丰，礁石平整光洁，是极好的垂钓之处。春天的大棒鱼、黑鱼，秋天的鲅鱼、鲅鱼等，自古以来，不知给多少垂钓者以无穷的乐趣。

3

过老龙头之后，沿着滨海路迤逦北上，经过金州湾大桥，在车内就会看到左侧海面上有一个小岛，这就是范家坨子。

　　金州湾沿线有十湾八岛，八个岛和诸多的明礁暗石更是各具风采，各有特点。范家坨子是离海岸线最近的一个小岛，据说是因昔日有范姓人家居住岛上而得名，但如今已是无人岛。原来岛上居住的渔民由于交通不便，都已搬到岸上来了，零星的几栋房屋现在被海产养殖户借用。

　　大连的近海岛礁带"坨"字的很多，有"无土谓之礁，有土谓之坨"之说，所以近海岛礁多以"坨子"名之。这里除了范家坨子，还有空坨子、汗坨子、青坨子、鸭蛋坨子等诸多坨子。

　　范家坨子面积18万平方米，海拔仅有392米，与其他坨子的不同之处或者说奇特之处就在于，每当遇上渤海退大潮之时，蔚蓝的海面上，数百米长的沙石道路会显露出来，远远看去宛若一道天桥，将岛和陆地连接起来。在海岸上观看，则颇有曲径通幽的意趣，不由得令人折服于造化的神奇和大自然的魅力。

　　据考察过这个景观的人介绍，这种现象只有每月农历初一、十五前后的几天退潮时才出现，每次大约可持续3个小时之久。

　　这个现象又可以称为"摩西奇迹"。

其实摩西奇迹是在特定的条件下才会出现的，如岛屿位置、潮汐方向、地质条件等，同时又需在退大潮时才能看到。据专家介绍，形成这样的海路奇迹必须具备三个条件：

　　一、相对陆地，海中有岛，岛的方向正好顺着潮涨的方向；

　　二、半日潮，一天涨潮两次；

　　三、岛上的石头容易风化，只有这样经过自然的冲刷和潮涨潮落的力量才能形成。

　　摩西奇迹的建造者是海浪。

　　这条自然通道是由海浪的冲积而形成的，时隐时现则是潮汐运动的结果。海水涨潮，路面则隐去；海水落潮，路面则露出。海浪天天冲刷海岸，被海水击碎的岩石变成碎小的沙石，成了路的材料。在地貌学上，这种海上路桥被称为连岛沙坝，岛屿则被称为陆连岛。

　　大魏家街道一些赶海的渔民介绍说，他们经常来这里赶海，在这里捕捞沙蚬子和蝼蛄虾，因此时常能看到摩西奇迹的景观，早已习以为常。以前还曾经听说，有人从这海中小路走到过对面范家坨子岛上，海中小路最宽的地方约40米，露出海面的沙石最高约50厘米。

一些渔民介绍说，只有大潮时才能赶上，每月农历初一、十五后的3天内潮水最大，也是看摩西奇迹的最佳时机。尤其是早潮，海上小路露出来的概率更大。除了潮汐规律之外，风向也是重要的条件，特别是刮北风时，海中这条路才会完全露出来，而秋季则是观赏的最佳季节。至于这个摩西奇迹是从何年何月开始出现的，有的渔民说，从他开始记事时就有了。

　　这样的奇观在韩国的珍岛也有。现在韩国人把那里辟成景点，吸引了大批的游人前去猎奇观看。

　　中国台湾澎湖的奎壁山对面有一个小岛叫赤屿，赤屿与奎壁山相距五六百米。涨潮时，赤屿与奎壁山是两个独立的岛屿；但退潮后，海面上就会出现一条砾石步道，将大海一分为二，也被台湾称为摩西奇迹。同时，锦州的笔架山也有相似的摩西奇迹景观。

　　范家坨子的摩西奇迹虽然还不能和韩国珍岛的规模相比，但也独具特色，更是大连的一个海上景观。可惜的是，在大连知道这一奇观的人并不多。同时由于摩西奇迹出现的时机难以揣测，所以观赏还有一些难度。但摩西奇迹景观无疑具有相当的旅游价值，也属于金州湾一个待开发的旅游项目，可以重点打造成海洋文化产品，成为大连人亲海的一个重要项目，肯定会吸引越来越多的人前来欣赏的。

4

　　绵延曲长、宛如玉带的滨海公路贯穿整个金州湾区域，车子驶入滨海大道，碧海蓝天，视野广阔，海水淡淡的咸味就扑鼻而来，先前的舟车劳顿会一扫而空。

　　在这里驱车前行，会看到湾湾环绕，岛岛相连，金州湾、后海湾、北海湾三个海湾景色各有特点。前边是宽阔的浅海滩，背后是苍翠的七顶山-老虎山山系和荞麦山-平顶山山系的群山丘陵，一条蜿蜒曲折的滨海公路就这样诗意地坐落在碧海青山之间，在这里自驾游是何等惬意啊。

道路左侧是一望无际的大海，在蒙蒙细雾的陪伴下，远处的海岸线变成一抹云烟，分辨不清哪里是海，哪里是天。走着走着就会看见一些木质渔船安静地停泊在岸边，给周边的海域平添了质朴、自然的味道。

前行至滨海路中段的后石村西海岸，视线不知不觉就被前方高大的现代化建筑物吸引，转弯行至跟前，就踏上了金州湾的一个标志性建筑，也是大连最大的斜拉索大桥——金州湾大桥。

大桥通体雪白，在蓝天的映衬下犹如一条白色的长龙。高72.3米的主桥塔亭亭玉立，伸出13组白色斜拉索，轻巧地拉起桥身，与蓝天交织成美丽的网，有力地牵引着全长900米的大桥；又宛如一把白色的竖琴，不时被海上飘来的薄雾掩映，如梦幻般缥缈。

在大桥两侧不远处有两个观景台，木栈道式观景台与大海相对，给游人以停留远眺的空间。如果是身着白色西装和雪白婚纱的

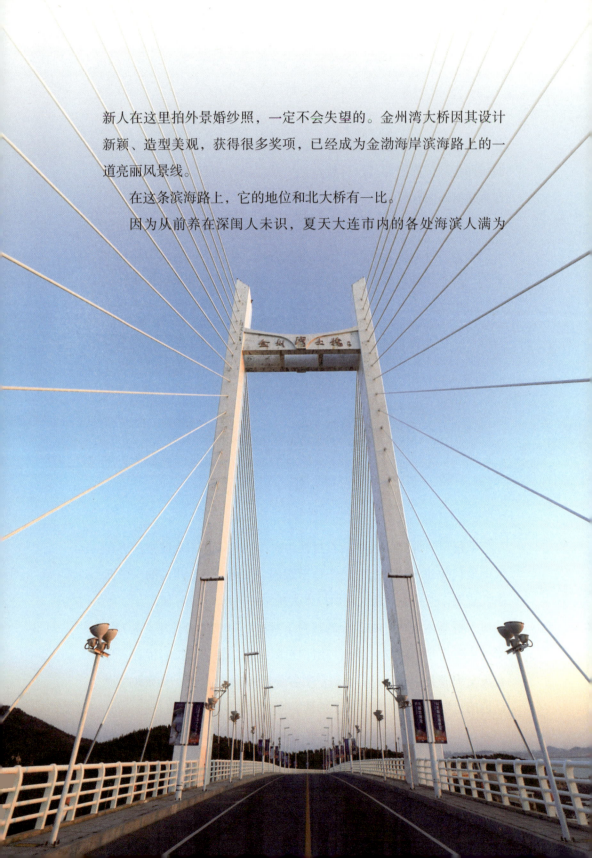

新人在这里拍外景婚纱照，一定不会失望的。金州湾大桥因其设计新颖、造型美观，获得很多奖项，已经成为金渤海岸滨海路上的一道亮丽风景线。

在这条滨海路上，它的地位和北大桥有一比。

因为从前养在深闺人未识，夏天大连市内的各处海滨人满为患，这里却是如此静谧，成为难得的躲避喧嚣的世外桃源。但现在，这里虽然白天清净一些，到了晚上，公路两边会依次排列出很多家庭式的烧烤炉，伴着海风吃烧烤成为一道新风景。

沿大桥前行不远处，有一个半弧形海湾，海岸、渔船、海鸥构成了一幅写意的图画，图画里平缓的滩涂上还有悠闲赶海的人们。

总之，去过金州湾海岸线的人，无不被它的美丽所折服。

这块热土，现在何以能如此宁静而壮美，能如此令人垂青而流连忘返？因为这里有着厚重的历史底蕴，有着数千年的文化积淀和原始的山海资源。既有风光又有古迹，未来的全球最大的海上机场——大连新机场建成之后，这条滨海公路的发展是潜力无限的。

大小窑湾似双眸

1

从大连湾再向东，就会看见有两处蓝蓝的"U"字形海湾紧紧相连，那就是万轮云集的大窑湾和正在热火朝天建设中的小窑湾。两个海湾在海岸线上组成"M"字形，又如同美女的一双明眸美目，清澈妩媚而又娇俏，分外撩人。

大窑湾和小窑湾都是因为1882年清廷在北岸即现在的董家沟开办骡马山煤窑而得名。

骡马山在明代金州卫地图上被称为"豹山"，清代又称之为"骆马山"。后因其山南在明代时筑有烽火台，当地人重建聚落

后，以台名山称"台山"，之后以谐音称之为"太山"。

太山西南脚下有一村庄叫煤窑村，这是因为历史上这里的确有一座煤矿，创办人是盛宣怀。

盛宣怀是清末著名的政治家、实业家和福利事业家，洋务运动的代表人物，也是骆马山煤矿第一任总办。

史料记载，清光绪年间，时任津沪电报总局总办的盛宣怀，在创办电信业的同时，对矿业也一直有信心。1881年，他率矿师池贞铨等人到山东登州勘查金属矿藏，随后又奉李鸿章之命来到奉天金州勘查煤铁矿。当时勘查的就是今天董家沟的骆马山煤矿和五湖嘴（今复州湾街道）煤铁矿，初步判定资源很好。

勘查之后，1882年，上海《申报》最先报道了清廷要在奉天骆马山兴办近代煤铁矿的消息，原文如下：

在大连湾之金州南部骆马山发现之煤铁矿，骆马山同地并产煤铁，离海岸仅二英里；所采矿石已运至上海化验，并开始以上海招商局名义在民间进行招股集资，先后招集得股本二十余万两。

为什么很快就能筹集到股金20余万两呢？事情还应该从中国近代煤矿创办之初说起。

中国近代煤矿的初期资本都是来自清政府的财政支出。后由于政府资金不足，又出现了一种所谓"官督商办"的煤矿。这些煤矿大多出现在19世纪70年代后期到80年代初期。这时正是中国资本主义发展的关键性时期。由于官督商办开平煤矿的成功，上海市场上出现了煤矿公开集股的活动。金州骆马山这个官督商办的企业也采用了招商集股，当时，其招股章程中即有"自见煤之日起，每商本一百两，常年酌提官利银十两"之规定。这就是说，年利率达到一成，回报率很高，所以投资的商人很多。

同时，由于著名的洋务派人物、绅商郑观应等人出面帮助，骆马山煤矿很快就招徕私人资本20余万两。后来也有人认为，董家沟的骆马山煤矿是中国近代第一座官督商办的现代化煤矿。

筹得股金之后，清廷正式任命津海关道盛宣怀为骆马山煤矿总办。

但后来盛宣怀因为这个骆马山煤矿惨遭弹劾，并受降级调用处分。

事情是这样的。1883年春夏间，福建、广州两地电报即电线的建设资金不足，正值中法战争爆发期间，电线事关军务，必须早日办成。但当时电报电线还属于超前的新生事物，民间商贾都持观望态度，股金一时无法集齐。实在不得已，主办的盛宣怀决定暂挪开办骆马山矿款20余万两中的14.6万两以济急需。

骆马山煤矿和闽粤电线的资金股本本来就都是由盛宣怀来筹集招募的，况且骆马山煤矿因为种种原因一时难以开采，不开采煤矿股东就难以获利，所以，用煤矿的股金来办理电线，不存在股东利益亏损的问题。但朝廷里有一些盛宣怀的反对派，认为这是办理含混，铺张失实，告了盛宣怀一状，所以盛宣怀被科以降级调用处分。

盛宣怀一世英名差点儿毁于骆马山煤矿。从骆马山煤矿一事之后，他脱离了采矿业，转向官场和其他产业。

2

董家沟这个煤矿后来办起来不久就遭遇到了海水倒灌，最后不得不停产。

这个煤矿虽然一波三折，但是这里的两个海湾却开始改叫煤窑滩，后来又改称大窑口和小窑口。窑，即煤矿也。再后来演变成大窑湾和小窑湾。而大窑湾、小窑湾北部的乡镇湾里乡，其意即是在两湾之里。

大窑湾南靠大孤山半岛，东、西、南三侧均为岩岸，地质基础特好。在明清两代，尚属简陋的大孤山港即大窑湾处亦是辽南重要的港口之一。到了清末，大孤山港也是清军北洋水师的一个重要泊港，北洋水师所需物资给养常常经由金州城运送至港口。

大窑湾整个"U"形海湾面积约72平方公里，海岸线约30公里。2010年7月16日，此地因为发生大连新港输油管线爆炸而震惊全国，这个油港及输油管线就属于大窑湾最早建设的鲇鱼湾油港。而且这个油港大有来头。

1970年8月3日，毛泽东主席签批了关于建设东北输油管线的文件，输油管线工程因此又叫作"八三工程"。于是，一根巨龙般的输油管从大庆蜿蜒而出，穿过吉林，经抚顺伸展到大连。

这根输油管线铺设到大连，是为了让大庆的原油在这里对外出口或者运往南方。大连市为了承接输油管线工程，经过慎重选址，决定在大窑湾修建一座油港。因为这里原来叫鲇鱼湾，所以又称之为鲇鱼湾油港。建成之后，这座油港每年输出原油均在千万吨以上，成为当时我国最大、世界第六大油港。后虽被称为大连新港，实际都是在大窑湾里。

那时，到鲇鱼湾油港来的人都希望看看输油管道的栈桥。它是油港的主体建筑，几十里之外都可以看得到。这座桥有9个桥墩，每个桥墩之间距离96米，全长1100多米。桥上钢制拱梁每个高几十米。桥上铺有3条输油管道和2条排水管道。几千里地之外的大庆油田的原油，就是通过输油管道输入停泊在引桥边的油轮上的。桥边的泊位可以容纳若干艘几十万吨级的油轮。几乎每天都有日本、西欧、东欧等许多国家和地区的油轮，在这里装满原油以后远涉重洋，驶向世界各地。

　　鲇鱼湾油港建成之后，人们发现，大窑湾包括整个大孤山半岛都非常适合建设港口。其南侧水深海阔，不冻不淤，地质基础好，尤其适合建造30万吨级以上的重力式深水码头，像这样的深水港址，全国罕见。因此在开发区成立之后，1988年大窑湾港正式开工建设，现在，围绕大孤山半岛的四面已是港口云集：

　　东端有中国四大深水港之一的大窑湾集装箱码头和汽车码头；

　　南端有30万吨级鲇鱼湾油港，即原油码头、成品油码头和液化天然气码头；

　　南端还有30万吨级矿石码头和化学品码头；

　　西端大连湾有亚洲最大的散粮码头——北良港，号称"技术水平世界第一、仓储和装卸规模远东第一"。

　　在一个半岛上集中了这么多大规模的码头，实属罕见。

　　现在，大窑湾一派欣欣向荣的兴旺景象：各种色彩的集装箱一排排密密麻麻地立在港内，一望无际；与海天相接的场桥、岸桥、门机耸立如林，各类货运机械川流不息，原油码头那百余米跨度的钢管拱形桥仿佛一道海上彩虹。

3

　　大窑湾与小窑湾之间相隔着一个细长的半岛。所谓半岛，实际就是长达6公里的一个细细的地岬，地岬深入黄海之中，其蜂腰处仅有千余米，就是这条地岬分割出大窑湾和小窑湾。本地人称之为"腰子半岛"，因为半岛上有个大地村，因此又叫"大地半岛"。而在明代地图上，这个半岛又被称为"海青岛"。

　　腰子半岛属于封闭堆积地形，一个双生的连岛沙洲把砣子岛与腰子半岛连接起来，中间夹有一个干涸的潟湖，构成了现今的岛形。

　　腰子半岛东侧是小窑湾。小窑湾沉睡了亿万年，中部"U"形环黄海海岸线长达13.69公里，一直保持着原始地貌，沿岸环境优美，

生态资源良好，拥有不可多得的海景优势。

早在20世纪90年代大连市的城市总体规划方案中，就已经提出了规划"小窑湾公共中心区"的概念。1994年，开发区管委会聘请了美国、日本、加拿大三国规划专家来做设计方案，经过国际咨询和多次综合，已经初步完成了小窑湾公共中心区规划。

描画一张白纸是容易的，想怎么画就怎么画；描画一张白纸又是最难的，画什么、怎么画都会引来议论，一旦落笔失误，更会留憾于后人。因此，虽然早有总体规划设想，但20多年来却始终未轻易动笔，因为这张白纸一旦落笔，就应该描绘出大连版图上最为精彩的图画。谨慎，亦是高度的负责；等待，是为了有朝一日令人赞叹的美丽。

人们评价说，未来的小窑湾之于大连，就如同曼哈顿之于纽约，拉德芳斯之于巴黎，中环之于香港。

普兰店湾隔两州

群山到海势嶙峋，半压沧溟半拂云。

山出三棱千里远，海通一港两州分。

鱼戏浅水多成贯，雁宿平沙不失群。

犹是旧时佳景象，令人怀念故将军。

这是清末复州一位著名文人张俸的七律，题目是《五湖嘴遥望金州诸山》。

五湖嘴，即今天金普新区复州湾街道的古称。清末民初时，普兰店湾曾经叫过"五湖嘴湾"，叫过"煤窑口"，还曾经叫过"亚当湾"。

诗人张俸当时是站在五湖嘴东南海拔230米的三棱山来遥望金州的。那时没有现代的这些高大建筑和桥梁道路等阻碍视野，虽然隔着海湾和重重山峦，但秋高气爽、天朗云淡时，可以望得到南边的大、小黑山。

五湖嘴和三棱山这些地名，现在看并不是随意叫的。例如三棱山，从电子地图上俯视，的确是有三个剖面；而五湖嘴过去周围都是浅海，且有五个海岬角。所以真的很佩服古人，在没有无人机和不可能实行航拍的年代里，他们却有着空中鸟瞰的视角，留了很多确切形象的地名给后人。

张俸诗中说的"海通一港"，就是指普兰店湾里历史悠久的古港沓渚；"两州分"是指从明清时期始，金、复二州就是在这里分

303

界；"鱼戏浅水"和"雁宿平沙"说的都是普兰店湾里的苇塘、滩涂、盐田；诗人怀念的"故将军"，则是指甲午战争时期的抗日名将宋庆老将军。

中日甲午战争爆发时，在辽南的清军将领如云，多属李鸿章淮军系统。以后人的眼光观之，以战事来论人，真正让人钦佩的只有宋庆和徐邦道而已。

1

诗人张俸满怀忧国之心遥望金州城时，脚下就是渤海海岸线的普兰店湾。

仔细观察这个海湾是有趣的。这是一个狭长而深入内陆的葫芦状海湾，也有人说它是喇叭状，还有人说它是如意状，总之，它是近封闭型的海湾。如果按照1997年出版的《中国海湾志》提供的有关数据，其中大连渤海海岸线和黄海海岸线的各大海湾数据都有列表，普兰店湾是大连境内面积最大的海湾，远大于金州湾和大连湾。

但查阅我们大连出版的一些文献资料却不一样了。这些文献资料未给出各海湾的综合数据列表，而且结论不一，有的说"大连湾是大连最大的海湾"，有的说"金州湾是大连最大的海湾"，普兰店湾嘛，也许还没有进入他们的视野之内。

普兰店湾的奇特还在于它又分为内湾和外湾。这在大连的诸多海湾中也是绝无仅有的。

外湾是从北岸交流岛的南海头和南岸荞麦山、鹿岛、蚂蚁岛向东，一直到三棱山的里坨子（即《复县志略》里的巴狗礁，当地老百姓又叫它小驴嘴）和对面簸箕岛的双坨子为止。

内湾是从北岸的三棱山里坨子和南岸簸箕岛的双坨子开始向东的一段，里坨子和双坨子之间还形成了嵌形之势，因此这里水流湍急，而再往前行的簸箕岛位居海湾之中，又成锁钥之势、咽喉之地。按《复县志略》记载，过去大船只能行到这里。从这里开始，这条海湾愈发细狭。现在，包括哈大高铁和沈海高速等几处跨海大桥都是铺设在内湾区。

内湾由于近代的淤积，面积已经缩小了很多，在古代其实一直延伸到现在普兰店区政府所在的位置，甚至更远。

内湾还有一旁支，就是从三棱山开始向北到宫家坨子和南海头方向，也有一道约10公里长的海湾。这道海湾由于淤积面积小，常常被忽略了。

普兰店湾最大的特点是它位于大连区域的自然地理中心；其次，它是辽东半岛除了金州地峡之外的第二个蜂腰部；再次，是它的地质景观奇特而多姿多彩。

说到蜂腰部，是因为这个海湾本身揳入内陆的长度已经超过了40公里；而从普兰店湾的东端再向貔子窝方向延伸——即从渤海到黄海，直线距离尚不到35公里。

我们完全可以设想，待经济发展到了一定量级、有了一定实力之时，可以沿普兰店湾走向顺势开凿一条运河，就像德国的基尔运河一样。

这条运河的走向就沿着海皮公路或者皮长高速即可，其实这一段一直有弯弯曲曲的水系向东。

如果凿通了这条运河，其一是实现了黄、渤两海的交换，可改善渤海污染严重的状况；其二是营口港、葫芦岛港、秦皇岛港等处的航运都将获利，因为通过这里要比绕弯子走老铁山水道便利得多；其三就是必定会迅即带动运河两岸经济的快速发展，使地产房价飙升，使商家、人流聚集，这在世界运河史上都是有先例可循的。

我感觉，普兰店湾的自然形状似乎就是为了以后开凿运河而存在的，前些年曾经有人在大连政协会议上提议在金州地峡开运河，但因为太临近渤海海峡了，意义不大。

这里的地质景观因为很多地方并不为人所知，过去少有游客。在普兰店湾里，海蚀崖、海蚀柱、海蚀阶地、连岛坝、沙嘴、石灰岩溶洞、钟乳石和石笋、岩溶漏斗、潟湖等海湾地质景观随处可见。

普兰店湾和大连湾、金州湾、黄嘴子湾、大窑湾等都有所不同。那些海湾都是半封闭或者敞开式海湾，普兰店湾的封闭性则非常强，湾内风平浪静，掩护性好，湾口处水深只有4.5米到6.5米，而且南浅北深。因为注入普兰店湾的普兰店河、三十里河、龙口河、大魏家河、石河、泡崖河、鞍子河等带来了大量的泥沙，为海湾的淤泥质潮滩创造了条件，也逐渐形成了北滩扩张、南滩萎缩的趋势。

2

历史上，普兰店湾及其东西向的纵轴线，曾经长期处于两大行政建制板块的中间带上，也一直是一个重要的地理与军事行政的分界线。

2000多年前，这里是大汉辽东郡属地。史学界有一种观点就是，普兰店湾是辽东郡沓氏县和文县的分水岭，即往南的金州地区是沓氏县，往北的瓦房店、普兰店地区是文县。

在明代的辽东都指挥使司，普兰店湾成为金州卫和复州卫的分界线，是确切无疑的。

近代普兰店湾还有一段曾经叫"亚当湾"的历史，也与一条分界线有关，而且那一段屈辱的历史是更不应该被忘记的。

　　1898年，沙俄与清政府签订了《旅大租地条约》和《续订旅大租地条约》。《续订旅大租地条约》中具体规定，租借地之北界从辽东西岸亚当湾之北起，穿过亚当山脊，至辽东东岸貔子窝湾北尽处止。

　　"亚当湾"的概念应该追溯到清咸丰十年（1860年）的第二次鸦片战争，那时英法联军气势汹汹地要杀向北京，英军选定大连湾一带作为其集结兵力、补充给养的一个锚地。当时英军有各类舰船180余只，运送步、骑、炮兵11000余人，并先于大孤山半岛登陆。

　　登陆之后，英国人韩德经过勘察周边海域地形并参照古地图，首次把大连湾绘在他们的海图上。在绘图时，韩德擅自把大连湾改为"维多利亚湾"，旅顺港改为"亚瑟港"，普兰店湾改为"亚当湾"……

307

　　1898年沙俄与清政府开始勘定沙俄租地的北部边界线，中方道员中有金州厅海防同知涂景涛，他们与沙俄特派分界委员倭高格谈判商定分界事宜。

　　按俄方的说法，就是先从租地北界西岸的"亚当湾"起首进行勘划，俄国人用的就是英国人的那张海图，那张海图又叫《辽东海臂亚达穆思海口图》，沙俄用它为佐证，于是租地北界西岸起首第一碑，就立在了五湖嘴之东防风山南冈顶。俄国人说的防风山，亦名"亚当山"，其实就是现在的三棱山。

　　于是沙俄租地的北部边界就是从普兰店湾开始画出一条线到黄海岸边的。

　　然后，这条线在1905年又成为日本关东州与清政府属地的分界线，后来是关东州与伪满洲国的分界线。

1945年苏联红军解放旅大地区，这里又是苏军管辖的旅大解放区与东北国统区的分界线。

因此，普兰店湾的这条地理纵贯线，甚至也可以称它是大连地区历史上的一条"三八线"。

3

多年前地质学家们就认定，辽宁地区的寒武纪化石出露地主要有三处：一是辽东太子河流域，二是辽西的凌源、建昌，三就是辽南的复州湾街道即普兰店湾两岸。

2013年，在复州湾街道东南、普兰店湾北岸的骆驼山又发现了两个溶洞，在这两个溶洞里发掘出大量的古生物化石，并且根据发掘推断出，这里极可能有远古人类活动的遗迹。

骆驼山位于复州湾街道王家村的东侧，南北长约1000米，东西宽约300米，是一座南北走向的孤山，因形似骆驼而得名。

最早在附近村屯的老百姓口中，骆驼山是叫"东大山"的。

东大山因为富含石灰岩，属于喀斯特地貌，所以山中有溶洞和钟乳石，附近的人们常常会到这里来寻找好看的、感觉很神奇的钟乳石和石笋。

走进骆驼山我才发现，所谓骆驼山现在看已经没有多少山的形状了，基本就是一个采石大工地，到处是轰鸣的挖掘机和飞扬的尘土。鞍钢集团矿业公司所属的东海水泥厂把这座海拔120余米的大山已经夷平，现在最高点海拔不足80米，很多地方甚至是巨大的深坑。正是在采集石灰岩的时候，才发现了这个有古生物化石的溶洞。

站在骆驼山山顶，向东看，隔着海湾是松木岛化工基地，那里

有大化集团有限责任公司的厂区，绵延而壮观；近处海湾里是方格网格化的盐田和海上牧场；向南看是海拔最高的三棱山，它兀立在普兰店湾的北侧。

三棱山山下是丁屯，山前有一个很小的岛礁叫里坨子，那里也有一个溶洞，属于更新世晚期的溶洞遗迹，也有很多古生物化石，与瓦房店古龙山遗址的年代相似。

2013年12月13日，中国科学院古脊椎动物与古人类研究所教授金昌柱和大连自然博物馆研究员刘金远等人，根据鞍钢集团矿业公司复州湾黏土矿退休职工郭成万提供的线索，来到骆驼山进行了地质古生物调查，结果发现这里是一处富含脊椎动物化石的第四纪洞穴堆积，称之为"骆驼山金远洞堆积"。

金远洞处于西坡海拔83米的位置，是一处世界罕见的巨大型第四纪洞穴堆积遗址。

　　在2016年的野外调查中，金昌柱和刘金远等人在骆驼山南侧又发现一处新的裂隙堆积，命名为"骆驼山望海洞堆积"，因为此洞口正对着普兰店湾，那里是一片盐田和海湾。金远洞与望海洞的直线距离不超过800米。

　　金远洞和望海洞，骆驼山的一对双眸，从远古以来就在深情地凝望。

　　根据化石的初步鉴定推测，金远洞上部堆积物（第一、二、三层）的地质时代可能与北京周口店猿人遗址相当，即距今大约50万年；而中下部堆积物（第四、五、六层）的地质时代，大致相当于陕西蓝田公王岭或河北泥河湾时代，距今大约200万至70万年。

　　中国科学院团队在两个洞里采集到古化石上万件，包括在东北地区首次发现的纳玛象、泥河湾巨颏虎、德宁格尔洞熊、中国长鼻三趾马、泥河湾披毛犀和巨副驼等珍贵的原始哺乳动物化石。尤其在望海洞的顶部堆积物中发现了丰富的肿骨鹿、中华硕鬣狗、梅氏犀和葛氏斑鹿等的化石，其地质时代与著名的周口店北京猿人相当，具有寻找远古人类的巨大前景。

　　与之伴生的其他哺乳动物种类也异常丰富多样。典型的有居氏大河狸、硕猕猴、猎豹、变异狼、埃楚斯堪熊、梅氏犀、三门马、山西轴鹿、葛氏斑鹿、大斑鹿、李氏野猪、短角丽牛和德氏水牛等60多种大型哺乳动物，以及日进鼠、旱獭等50多种小型哺乳动物，这其中绝大部分都是大连地区首次发现的物种。

　　洞穴沉积物的形状和动物群组合的特征显示，该遗址的地质时代为新生代第四纪的中更新世，属于背负着叠加年代的遗址，是世界级的，也是独一无二的。

　　骆驼山金远洞和望海洞的这些发现，不仅填补了大连地区中更新

世地层研究的空白，也极大地丰富了东北地区中更新世动物群的化石组成。

　　大连的考古专家1981年在瓦房店古龙山发现了古人类的活动遗迹，为此，整个大连文化界都兴奋了很久，因为大连历史可以上溯到1.7万年前了。

　　现在看，古龙山人不过是普湾人的后裔，或者仅仅是一个分支而已。因为普兰店湾北岸金远洞和望海洞遗址的发现，完全改写和刷新了大连地区的古代史——50万至20万年前，这里就生活着一支旧石器时代的人类部落。

　　中国科学院团队发掘出来的化石可以确切地告诉我们：古人类曾经在三棱山、骆驼山一带生活了很久很久，他们把猎取来的肿骨鹿和李氏野猪等拖进溶洞里，放在火塘上烧烤之后做成饕餮大餐，那些经过砍砸和反复吸吮的碎骨则被扔到了溶洞的一个角落里。

　　这个遗址的时代很可能比辽宁营口金牛山遗址和本溪庙后山遗

址（20万年前左右）更早，有可能将东北地区出现古人类活动的时间提前至50万到30万年前。

在此之前，我们常常有一种错觉，以为大连是一个年轻的仅有百余年的城市；辽南也是一块年轻的土地，尽管有金州、复州两座古城，也不过千年而已。

所以一说到古人类、古生物化石和遗址，我们往往只会联想到北京周口店，联想到陕西蓝田和云南元谋等处。

1981年瓦房店古龙山遗址的发现是一个转折点，而1989年甘井子区海茂采石场古动物化石点的发现才使人们开始真正重视起来：原来我们大连也有几十万年前甚至上百万年前的古生物化石啊。

到了发现骆驼山遗址，我们终于可以完全确信，从远古以来，大连地区就是一个非常热闹的大舞台。虽然对这里曾经发生过什么、曾经演绎过什么故事，我们还知之甚少，但至少沉重的远古大幕已经掀开了一角，精彩的故事开始陆续登场。

原来，远古的大连地区，在史前文明的很长很长时间里，普兰店湾地域曾经是一个非常热闹的动物王国。

再综合此前发掘的瓦房店古龙山遗址和甘井子区海茂采石场古动物化石点，我们可以自豪地宣称：远古，这里曾经有一支浩浩荡荡的大连动物群。

与之相伴的，还有我们人类的祖先——猿人。对，应该叫"普湾骆驼山人"。

如果我们把目光再投射到整个辽宁境内，旧石器时期的人类文化活动遗址排列是这样的：

营口的金牛山人是28万年前，本溪的庙后山人是十几万年前，朝阳的鸽子洞人是15万年前，海城的仙人洞人是4万年前。如果骆驼山遗址能够找到确切的人类活动遗迹，那么它就是年代最古远的。

从地理纬度来看，骆驼山遗址和北京周口店猿人遗址以及朝鲜平壤遗址都处于北纬39°线。它们之间有什么联系？还不清楚。

因此，从历史年代上看，从地理位置上看，骆驼山文化遗址都应该是大连，也是辽宁，也是东北地区文明的一个原点、一个发源地。

我们应该这样认识骆驼山遗址的意义。

排石刀剑佛经岩

2019年秋，我参与拍摄大型历史人文纪录片《烽火台》，于是带摄制组去了排石烽火台。

排石烽火台位于瓦房店市驼山乡排石村，排石的海蚀地貌在骆驼山海滨森林公园龙凤滩景区东部岬角，这一片海岸是大连渤海海岸线的最北端，属于太平湾的北面，这个海岬角原来叫打狗嘴子，排石附近的村庄也因而得名。

这一片海岸线有驼山石壁、老龙头、石猴观潮、渔翁出海、菩萨望海、月牙湾、聚阳石、海马石、卧牛石、扇子石、排石烽火台等景观，集海洋、海蚀地貌、奇石、历史遗迹等景观于一体，形成了完整的、不同主题的景观群。

早就听说这里的海岸线景观壮丽，但实地来看还是深深地受到了震撼，因为远远超出了预期。怪石林立，形神兼备，层层叠叠，这种特殊的海蚀岩壁景观令人叹为观止。

我认为，这里的海岸景观带观赏价值完全不亚于金石滩，有些地方甚至超过金石滩。

到网上和书籍中查大连的一些旅游资料和介绍，我发现几乎从来没有瓦房店排石海蚀地貌的记述。千百年来或者说亿万年来，它就躲在大连区域渤海海岸线的最北端，静悄悄的，很安静很低调。

看排石的海蚀地貌景观，我一下子就想到了白居易的诗句：

……

　　杨家有女初长成，养在深闺人未识。
　　天生丽质难自弃，一朝选在君王侧。
　　回眸一笑百媚生，六宫粉黛无颜色。

……

这里最引人注目的景观就是那一道排石。那个由东向西伸向海洋深处的海岬角之尖是一道非常锐利的如刀背状的排石，笔直地插入大海，高约20米，长约1000米，十分壮观。

它是亿万年前因造山运动隆出地表的岩石，经过漫长岁月中潮汐的拍打、海水的侵蚀以及海风的雕刻，形成了一把1000余米长的锋利大刀，刀背向上，带着优美的弧度，断断续续刺入茫茫大海之中，形成了孤礁、孤石以及连片的刀锋、刀刃奇观。刀背石呈土黄色，部分刀身因为海水的侵蚀而形成了上下贯通的海蚀洞、形态各

异的象形石等景观，带给人无尽的遐想。

刀背石的根部是狭长的基岩海岸，海岸顶端有一条由南至北延伸过来的路，可以驾车或步行来到这里欣赏刀背石。如果在落潮时下到海边向东看，形成海岸的石壁连绵，岩体层叠陡峭，如墙似壁，蔚为壮观。这个美丽的岬角，由于天气条件的变化，会呈现出不同的美景，既有水天一色的静美，又有怪石嶙峋、惊涛拍岸的壮阔，让人大开眼界、赞叹不已。

2

排石景观周边还有凤凰岩、龟石等多个海蚀地貌景观。要想饱览驼山石壁崖体等海蚀地貌奇观，还需要赶上海水退潮的时候，从两侧周边下到海岸去近距离观看。

从土路绕过去，下到海岸边，你会被眼前的景色惊呆：只见十

分陡峭的岩石如刀削斧劈般屹立于海边，经过海水长时间侵蚀，形成了独特的海蚀崖。如果是下午时分，温暖而又柔和的光线会照射在层层叠叠、齐齐整整、好似卷卷佛经摆在那里的佛经岩石壁上。因此佛经岩也叫千层壁。

还有一处滴水岩，其实外形酷似桌子腿，也犹如时间的沙漏，默默记录了沧海桑田的变迁；又可以叫定海神针，历经无数风雨却屹立千年，令人不得不感叹造物主的鬼斧神工，感悟生命的奇妙。涨潮时，桌子腿的一大半淹没在海水里，只有退潮时才能显露真身。

夏天来排石可以乘船观绝壁临海，冬季这里会有海冰堆积，白色海冰又有一番悲凉壮阔的景象。

排石属于一个完全没有开发的海岸线景观，因为一切都是纯自然的，悬崖峭壁的海岸上没有任何保护措施，有些危险也有些刺激。

在这处海岬角东面的平台高地上，稍稍发掘一下就可以发现一些绳纹陶片。这说明，远古时期这里就有人类活动，那些碎片绝不是现代人的行为产物。

看排石，外来人叹为奇观，本地人无动于衷，也许他们认为这很自然很平常。还是应了那句老话："身边无风景。"这种情况在金石滩也曾经发生过。想当年金县县委准备开发金石滩时，那时还叫满家滩，县委班子里意见就不统一。有一些人背后嘀咕，说一堆破石头有什么看的，把钱扔到那里不是打水漂吗？结果，现在的金石滩是国家级风景名胜区、国家级旅游度假区、国家级地质公园，国家5A级旅游景区。

排石是大自然遗忘在渤海海岸线的一处绝佳风景。

沿着渤海海岸线一直往北走，过营城子湾、金州湾和普兰店湾后，还要过董家口湾、复州湾、太平湾之后，才能走到这里。很多人对渤海海岸线并不是很熟悉，可能了解多一些的是金州湾。包括金州湾北面的普兰店湾，很多人都不熟悉，很陌生，何况比普兰店湾还远的驼山排石。

排石的海蚀地貌不同于金石滩，它是独特的，也是独一无二的。这一处风景注定会惊世骇俗，很快会有一天要大放异彩，让更多人目睹它的雄姿。

原生态的海岸线和罕见的世界级海蚀地貌奇观，成为摄影爱好者迷恋的圣地。夏天，摄影爱好者们常常在海边等到凌晨后，只为拍摄到月光、星光洒落在海边奇异礁石上那一幕华丽景象；冬天，大海冰封之时，层层叠叠的岩石已经被厚厚的海冰堆积覆盖成冰浪奇观，把海岸装点成了一个童话般的极地世界。

这里不可再生的海蚀地貌奇观，在不远的将来，一定会成为一处名扬天下的国家地质公园。

后 记

　　写完《山海大连》，如果做一个小结，那么我心目中老铁山就是大连的门神，大黑山是身披盔甲威风凛凛的男神，金石滩是婀娜多姿的女神，步云山是老山神，滨海路是绿色飘带，冰峪沟是养在深闺人未识的美丽少女……

　　而绵长的海岸线和众多的海湾，一直是我们温馨的家园。

　　大连最大的优势，可以说，就是拥有一部由千山余脉和黄、渤两海领衔主演的景观大片。我真心认为，如果认真发掘、精心打造这部片子，从全国范围来讲，它不亚于任何一个地方，从世界范围来讲，它也不逊色于那些著名的海滨城市。

　　给读者的真诚建议是：如果你一个人来大连看海，就到老铁山看黄渤海分界线；如果是情侣来看海，就到滨海路；如果一群朋友亲属来看海，就到金石滩，就到星海湾、老虎滩。

　　为什么大连这座城市和东北其他城市不太一样？例如，冬天，东北其他城市在下雪的时候，大连却在下雨。

　　为什么有这么多的为什么？

这一切都可以在大连的山海之中找到答案。山海相拥的独特景观塑造了这座城市的独特气质，也塑造了大连人的独特气质。

还有一个建议是，要想发现大连更多的美，应该往渤海、黄海的北部多走一走，去一些别人没看过、没讲过的地方。这些地方的山海，是大连的未来，也是大连发展的　希望。

在此要感谢诸多摄影界朋友的鼎力相助。本书采用的图片较多，图片作者有著名摄影家郭德昌、汤亚辉、王太刚、牟学智、蒋永贵、姜迎昕、程林、陈连旭等，还有年轻的摄影界新秀朴峰、迟嘉澍；还有一些照片在我手头保存很久却实在想不起是哪位朋友的，在此一并感谢。

最后感谢郑雅文、黄颖妆等人的帮助，感谢大连出版社张波老师的指导，感谢我的家人的坚定支持。

王国栋
2020年春于抗"疫"宅家之时

© 王国栋 2021

图书在版编目 (CIP) 数据

山海大连 / 王国栋著 . — 大连 : 大连出版社,
2021.8
（"情韵大连" 文旅丛书）
ISBN 978-7-5505-1554-3

Ⅰ.① 山… Ⅱ.① 王… Ⅲ.① 风景名胜区—介
绍—大连 Ⅳ.① K928.703.13

中国版本图书馆 CIP 数据核字 (2020) 第 071574 号

出 版 人：刘明辉
策划编辑：张　波
责任编辑：张　波　刘丽君
装帧设计：张　波　奇睿设计
插　　画：张　波
责任校对：安晓雪
责任印制：刘正兴

出版发行者：大连出版社
　　　地址：大连市高新园区亿阳路 6 号三丰大厦 A 座 18 层
　　　邮编：116023
　　　电话：0411-83620416/83621075
　　　传真：0411-83610391
　　　网址：http://www.dlmpm.com
　　　邮箱：dlszhangbo@163.com
印 刷 者：大连金华光彩色印刷有限公司
经 销 者：各地新华书店

幅面尺寸：170mm×230mm
印　　张：20.5
字　　数：273 千字
出版时间：2021 年 8 月第 1 版
印刷时间：2021 年 8 月第 1 次印刷
书　　号：ISBN 978-7-5505-1554-3
定　　价：78.00 元